教養としての「税金」

TAX

Hirotsugu Kiyama

木山泰嗣

日本実業出版社

はじめに

消費税が10%になってしばらくたちましたが、2023（令和5）年には**インボイス制度**が導入されました。そして、2024（令和6）年からは、個人の所得税では**少額投資非課税制度（NISA）**が非課税の枠を拡大し、話題を呼んでいます。

2023（令和5）年は、1年をあらわす漢字が「税」でもあったわけですが、少子高齢化が急速に進む日本では、社会保障制度の充実を維持しながら、現役世代に負担をさせる仕組みにも限界が生じ、少子化対策のための子育て支援措置も拡充され始めています。

2024（令和6）年からスタートした**森林環境税**は、あまり話題を呼んでいませんが、ディズニーランドの周辺にあるホテルの宿泊客からあらたな税金をとることが検討されていることは、ニュースで報道されていました。

税金には、所得税、法人税、消費税、相続税のような国に支払う税金である「**国税**《こくぜい》」と、住民税、事業税、固定資産税、不動産取得税のような都道府県や市町村などの地域の自治体に支払う税金である「**地方税**」の2種類があります。

これらの税金を網羅して、読者の方に「全体像」と「読み解き方」を解説するような本は、あまりみかけません。税金の本でわたしたちが手にすることができる本となれば、「賢く節税するための実用書」と「目的をもって学ぶための専門書」の2つに分けられ、そこには主要な税金しか登場しないのが実際です。

しかし、森林環境税のように国税にもさまざまな税金がありますし、宿泊税のように地方税でも地域でオリジナルの法定外税が創意工夫によりつくられています。

これらの税金の全体を広くカバーしようとした「欲張りな1冊」が、本書です。

わたしは29歳のころから弁護士として、「**税務訴訟**」の代理人などを、約12年行ってきました。税務訴訟とは、国税（税務署）との間で「見解の相違」が生じた場合に、課税庁（国）と課税について争う行政訴訟です。税金を「実務」の観点からみてきたのです。

一方で、40歳で私立大学の教授（税法学者）に転身すると、研究しながら、大学や大学院で、学生に「税法」という学問を教えてきました。税法学です。

これらの経験を通じて書いてきた「税法」や「税務訴訟」の本には、専門書もあれば一般書もあります。いずれもメジャーな税金にスポットライトをあてる、通常の税法の本の範囲にとどまっていました。

本書はこれらの枠をとっ払い、あらゆる税金に領域を広げました。

いわば税金大全のような、「**税金の百科事典**」を目指しました。

一方で、一般の方に「教養」として、税金を知っていただくためには、専門用語をできる限り使わないようにするなど、ハードルを高くしないことも求められます。

実際、わたしは弁護士になったあとも、税金を知ることに敷居の高さを感じました。さまざまな税金や税法の本を手に入れてみたのですが、どれも読み切ることができず……仕舞いだったという、苦い経験もあります。

そこで、本書では、「**総論部分**」（序章から第2章）と、「**各論部分**」（第3章から第6章）に分ける方式を採用しました。

そして、総論部分では、平易に「知識ゼロ」から税金をわかりやすく学べる「読み物」としての工夫をしました。これを前提に、各論部分では、特定の税金に偏《かたよ》ることなく、すべての税金を同じくらいの分量で淡々とまとめました。

とはいえ、最新の税収の情報など、さまざまなリサーチのあとも整理してまとめています。したがって、税金のことをそれなりに知っている方、大学などで学んだことのある方でも、満足できる「豊富な情報量」になっていると思います。

それでも、各論部分は、淡々と簡潔に進みますので、「知識ゼロ」の方でも、すらすらとページを繰ることができると思います。

わたしはこれまで所得税法を中心に、法人税、相続税、贈与税についても「学ぶための専門書」を書いたことがあります。本書にも登場する地方税の税務訴訟に、自治体側の代理人としてたずさわったこともあります。国際課税の訴訟も、納税者サイドで担当してきました。

これらに加えて、「税務調査」「行政不服申立て」「税務訴訟」を横断する「国税通則法」の入門的体系書も執筆しています。専門分野は、それなりに広いつもりでいました。

しかし、それでもこれまでみてきた「税金」は、税法というジャンルが中心的に扱う領域に偏《かたよ》っていたことを実感します。

こうした「税法」のなかの**「メジャー税金バイアス」をこわして、税金の世界をフラットに広げることを試みた1冊**になります。


本書を通じて、読者の方が「税金」にさらなる興味をもっていただき、ご自分でも調べたり、気軽に議論できたりするようになってもらえたら、著者として嬉しく思います。

そこまでいかなくても、税金に広く触れることで、ニュースに登場する数々の税金にフックがかかり、「おっ、あれだな」「これは法定外税かな?」といった直感がわくような知識の源泉が得られるのではないかと思います。

なかなかの分量と情報量のある本ですが、なるべく専門用語を使わないように、読みやすさに配慮しましたので、最後まで読み通せるのではないかと思います。


それでは、未知の世界である「税金」を読み解くための「見取り図」を、あなたがこれから手にするための旅を始めましょう。

2024(令和6)年3月

木《き》山《やま》泰《ひろ》嗣《つぐ》

教養としての「税金」◉目次

第1章

税金とは、どのようなものなのか？

第2章

税金には、どのような種類があるのか？

第3章

所得に対する税金には、どのようなものがあるのか？

第4章

資産に対する税金には、どのようなものがあるのか？

第5章

消費に対する税金には、どのようなものがあるのか？

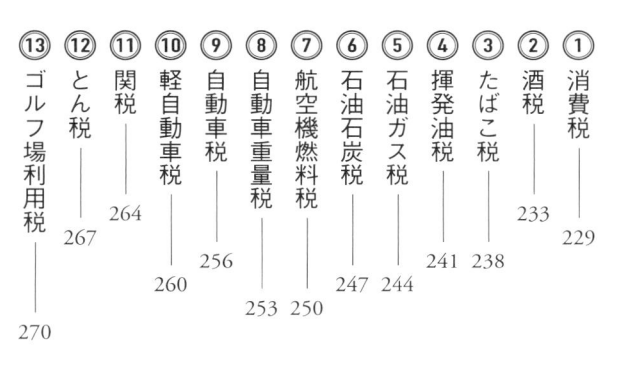

第6章

あたらしい税金と、なくなった税金

終章

本書のまとめ

カバーデザイン　小口翔平＋村上佑佳（tobufune）
本文DTP　一企画

※本書の内容は基本的に2024年３月現在（原稿執筆時）の法令や情勢などに基づいています。ただし、統計データについては、数値やグラフが最新のもの（2024年８月上旬現在）を参照しています。
※本書はあくまで税金全体のイメージを具体的に概説するもので、個別の税金の計算を解説するものではありません。税額計算は、ときどきの法制などにより変わることにもご留意ください。

凡例

本書は、以下の方針でまとめました。

◎判決や条文などを引用した際に、原文の引用箇所を示すためにつけた「　」では、リーダビリティの観点から、必要に応じてルビ（ふりがな）や傍点、傍線をつけました。

◎年については、原則として西暦と和暦（元号表記）の双方を記載しました。統計データについても、出典に加工して、基本的に両方の記載に努めました。ただし、法令番号や判例名、出典のタイトルなどは、原典の表記を重視しました。

◎各税金の創設年は、原則としてその税金が制定された年を記載しました。その系譜をなすものは、税金の歴史を詳述する本ではないため、主なものを前身として、必要に応じて挙げました。

◎本書の注釈に記載した、判決等の出典は、いずれも法律書で通常使われる略称を使いました（最判等）。

◎（　）のなかに登場する（　）は〔　〕と表記しました。

TAX

序章

税金とは、言葉で理屈をつくるだけで、自動的に発生するもの？

TAX
1

税金に対するイメージは？

税金という言葉を聞いて、あなたは、どのようなイメージをもつでしょうか？


「それは、国から強制的にとられてしまうものですかね……」

「決して逆らうことはできず、決まった額を徴収されるお金のことかなあ」

「取り立てに強力な権限があるやつだよね。税務署って、コワそうだし」

「払わないでいれば、脱税になってしまうやつですね……」

「逮捕されたり、起訴されたりして、有罪判決を受けてしまう人もいるって」

「そう。だから税金は、払わなければいけないもの！」

「それ。自動的に支払うことが決まっているから、有無をいわさず、支払いが必要なもの！」


こうしたイメージをもっている方が、多いかもしれません。

あるいは……。

「わたしたち国民の側では、自動的に支払うことになっている。それなのに、その税金がどのように使われているかに目を向けると、そのずさんさがきわ立つね」という意見が出てくるかもしれません。

会計検査院が前年度に使われた税金について、不適切であった額がいくらであったなどの報告をしているのを、[*1]ニュースでみている方もいると思うからです。[*2]

「税金は自動的にとられてしまうわりに、その配分は、予算に基づいているとはいっても、自由自在に国や地方自治体によって使われているよね」

よく勉強されている方には、こうしたイメージをもっている方もいるでしょうか。

＊1　2022（令和4）年度決算の検査報告によれば、掲記された事項等の総件数は344件（不当事項285件、指摘事項333件）あり、指摘金額は合計580億2214万円となっています（会計検査院「令和4年度決算検査報告の概要」3頁参照）。

＊2　2023（令和5）年11月7日付けの「コロナ対策関連事業 220億円余の不適切支出を指摘 会計検査院」と題するニュースでは、会計検査院の前年度の予算の検査報告書が、同日に同院長から岸田総理大臣に提出されたことが記されています（NHK「NEWS WEB」参照）。

でも、というか……。だから、ですかね。

そうであれば、「税金については、考える必要はない」「税金は、考えても仕方がないものでしょう」という、そんな思考に行きついてしまう。それが、現実かもしれません。

お金のことは重要だけど、
どうやってお金を稼ぐか。
稼いだお金をどうやって適切に使っていくか。
どのように将来に投資していくべきか。
どうやって、子どもの教育費や老後の生活費を貯蓄していこうか。

むしろ、こうしたことのほうが大事じゃないですか。……ということになるのかもしれませんね。

読者のみなさんが1人の個人であることを前提とすれば、わたしたち1人ひとりにとって、

「お金は極めて重要です」

「でも、稼いだお金から自動的にとられてしまう税金なんて、およそ考える対象ではない」

このような感覚が、読者の方の実際の認識かもしれません。

たしかに、お金に関する本は、ビジネス書や一般書としては、高いニーズがあると昔からいわれていて、書店にも「お金」の本は、いまでも多くみかけます。

それなのに、税金の本となると、どうでしょうか。

同じ「お金」の本でありながら、税金の本が書店でずらっと並べられているとすれば、それはそう、専門書の棚です。

「税金の本には高いニーズがあり、昔から売れる本のテーマなんですよね」などということは、聞いたことがありません。*3

＊3 過去には年間ベストセラーに消費税の本がランクインした年があります。1989（平成元）年で、第3位に山本雄二郎『消費税こうやればいい』（青春出版社）が、第8位に山本守之『消費税実務と対策はこうする』（日本実業出版社）と、2冊も入っています。当時の売れっ子作家であった吉本ばななの作品が1位、2位、5位～7位に、村上春樹『ノルウェイの森 上・下』（講談社）が9位にあるなかでのことです。消費税が導入された年であり、それだけ国民の関心が高かったことがわかります。
なお、2023（令和5）年は、消費税のインボイス制度の導入や、改正電子帳簿保存法による事業者の帳簿などの書類のデジタル化（DX。デジタル・トランスフォーメーション）の到来などもあって、これらに関連する書籍が売れていたようです。しかし、これらの書籍は実務を担う改正法の内容を知らなければならない人たちに必要があるのであって、国民全体に興味をもたれて読まれるようなテーマにまではなっていないと思われます。

「そんなことはないのではないか」という声を上げたくなる方も、もしかしたらいるかもしれません。税金について常に考え、税金の本を買いあさり、日ごろから勉強し続けている人も、もちろんいるでしょう。

でも、それは税理士の方か、税務署の職員の方、あるいは自治体の税務課などで働いている方ではないでしょうか。つまり、仕事で税金にかかわっていることが、前提になっている人だと思われます。

あるいは、大学や予備校などで、学問としての「税法」を学んだり、税理士や公認会計士などの国家資格を取得するために、必要があって勉強したりしている人もいるでしょう。

もちろん、そういう人に限れば、税金にも高いニーズがあることを否定できません。

しかし、本書は、そのような税金にゆかりの深い人に向けて、税金のことを専門的に体系化するものではありません。

むしろ、普段は税金について、先ほど述べたイメージのように、「そんなことは考えても仕方がない」と、無意識のうちに思っているような多くの方に向けています。

「そもそも、税金とはどのようなものなのか」を、この機会に初歩からわかりやすく学んでいただける本として、進めていきます。

なので、税金についての知識がゼロであっても、読み物として税金の教養を得ていくことが可能です。この点、ご安心くださいね。

TAX 2

税金とはなにかについて語ると……？

さて、ここで税金とはなにかについて明確に語っておきましょう。

その種類や仕組みの詳細については、第1章以下でゆっくりとお話ししていきます。

ここでは、ズバリ税金とはなにかについて語っておきたいのです。

税金を解説した本は、専門的なものも含めれば、それなりにたくさんあります。しかし、そのような本にも、まずないと思われる切り口で、あえて断言したいと思います。

税金とは、理屈でつくられたものです。

税金は、法律のルールによって定められています。[*4]

民間企業も各種団体も、わたしたち国民1人ひとりも、もちろん法律を守らなければいけません。こうして法律というルールで決められた税金を、企業も団体も個人も、律儀に法律どおりに、税務署や自治体に払っています。これは、一般論です。

たとえば、社会人であれば、働いて手にしたお金も、その法律の仕組みから、「**所得**」を得たものと評価されて、**所得税**を支払うことになります。

源泉徴収という仕組みがあって、給料を支払うときに先に所得税を差し引いておき、これを次の月の10日までに税務署に支払う義務が、日本の企業には課せられています。

なので、全国に5900万人いる給与所得者（サラリーマン）は、[*5] 自分で税金を支払わなくても、会社から給与が振り込まれるときには、すでに天引《てんび》きされるかたちで税金がとられています。会社は従業員に給料の一部を支払わずに天引きしたものを、翌月の10日までに税務署に所得税として支払っているのです。[*6]

そのため、わたしたち個人としての立場でみると、「会社からもらえる給料のうち、その一部は、法律のルールによって、自動的に所得税としてとられている」というのが、現実の感覚だと思います。

給与などの支払いを受けるときに源泉徴収をされるだけでなく、1年の終わりには「**年末調整**」も会社がしてくれる（しなければならない）のです。医療費控除などの特別の還付《かんぷ》を得るために自分で**確定申告**をすることが必要になる人でなければ、給与所得者には、自身で1年分の所得税の計算状況を、申告書を通じて眺める機会すらないのです。

このような仕組みが、まさに「税金のことは考えても仕方がない」という発想を、多くの日本人の1人ひとりに与える「原因」になっているといえます。[*7]

「わたしは会社勤めではないんですよね」という自営業の方も、読者にはいるでしょう。自ら事業を起こし、個人事業をしている方や、[*8]会社をつくり自らのビジネスを起こしている

＊4　日本国憲法は、税金について2つのことを定めています。「国民は、法律の定めるところにより、納税の義務を負ふ。」という内容と、「あらたに租税を課し、又は現行の租税を変更するには、法律又は法律の定める条件によることを必要とする。」という内容です。前者は「納税の義務」を定めたもので、後者は「租税法律主義」（税金を課すためには、法律のルールの根拠が必要になること）を定めたものです。でもよくみると、「納税の義務」も、「法律の定め」が必要になっているので、両者はともに「税金を課すためには、法律のルールの根拠が必要になること」を宣言するものといえます。

＊5　給与所得者は、5967万人います（国税庁長官官房企画課「令和4年分　民間給与実態統計調査―調査結果報告―」〔2023（令和5）年9月〕9頁参照）。

＊6　給与等の支払いをする者には、その支払いのときに所得税（源泉所得税）を徴収して、翌月10日までに国（税務署）に支払う義務があります（所得税法183条1項）。これを「**源泉徴収義務**」といいます。

＊7　三木義一『日本の納税者』（岩波新書、2015年）には、会社の年末調整と源泉徴収義務が独立した制度として完璧な計算を求める結果、「大半の給与所得者は申告をする必要がなくなり、自動納税マシーンになり、税制に無自覚になってしま」うという指摘があります（同書57頁）。

＊8　確定申告をしている**事業所得者**は、164万人います（国税庁長官官房企画課「令和4年分　申告所得税標本調査―調査結果報告―」〔2024（令和6）年2月〕12頁参照）。

方となると、[*9]税金に対する考えは一転すると思われます。
おそらくほとんどの方が、今度は逆に税金に対して鋭い感覚をもっていることでしょう。なぜかといえば、このようなビジネスを自ら行っている方は、会社勤めの給与所得者とは違い、1年間に得た所得について、法律のルールが定める期限内に、自分で作成した確定申告書を提出しているからです。そして、そこで自分で計算した所得税や法人税を、税務署に支払っているからです。[*10]
そんな税金の計算は、もちろん、専門家である税理士に依頼をしている方も多いでしょう。しかし、税理士は、あくまで代理人として、専門的知見のもとで、複雑な税金の計算と確定申告書の作成を行っています。[*11]
ですから、その書面、つまり確定申告書にざっとでも目を通せば、毎年の所得税や法人税が、1年で得た収入、つまり**年収そのものにかけられているわけではない**ことが、すぐにわかるのです。
そこでは、さまざまな経費などが差し引かれています。課税されるものと課税されないものなども区別したうえで計算がされています。そして課税の対象金額を標準に、法律のルールで決められている「税率」をかけることで、[*12]支払うべき税金の額が決まります。
それが所得税であり、法人税であるということを、ビジネスを個人でされている方であれば、きっと一応は知っていることでしょう。

だから、そういう方にとっては、税金は「考えても仕方のないもの」というよりも、確定申告書の計算次第で、高くもなれば、安くもなるものという感覚をもっていると思うのです。給料の支払いを受けるときに、すでに自動的に税金が差し引かれてしまっている給与所得者とは違う感覚になるのは、当然といえるでしょう。

だから「税金を安くするためには、経費をたくさん投入したほうがよいだろう」という、給与所得者にはない「感覚」が、きっと芽生えていると思われます。

といっても、この話は、あくまで「所得」という利益やもうけを対象に課されるものを例に

＊9　**法人の数**は、291万4253社あります（国税庁長官官房企画課「令和4年度分　会社標本調査―調査結果報告―」（2024（令和6）年6月）12頁参照）。

＊10　個人が得た所得に課される税金は「**所得税**」になり、会社などの法人（法律によって団体として権利や義務の主体になることが認められ、法務局に商業登記がされたもの。いわば「法」が「人」と同じ扱いを認めたもの）が得た所得に課される税金は「**法人税**」になります。そのため、個人の名前で事業を行う者（個人事業主）には所得税が発生し、会社を設立して事業を行う場合はその会社に法人税が発生することになります。

＊11　税理士は「**税務に関する専門家**」として、①税務代理、②税務書類の作成、③税務相談といった「税理士業務」のほか、「財務書類の作成、会計帳簿の記帳の代行」なども付随して行う者です（税理士法1条、2条参照）。

＊12　たとえば、所得税の税率は、課税される所得の金額に応じて7段階（5%、10%、20%、23%、33%、40%、45%）あります（所得税法89条）。法人税の税率は、原則として23・2%です（法人税法66条1項）。

したものでした。所得税も法人税も、あとで解説するように、**所得（利益・もうけ）に対する税金**だからです。

もうけとしての利益が対象になった税金では、収入から経費を差し引いてから税率をかけることになります。そのため、差し引かれることになる経費が重要なのです。

しかし、税金には、じつにさまざまな種類があります。税金は、所得税や法人税のように所得に対する税金だけではないのです。

たとえば、よく聞くのではないかと思われる税金を、ここにざっと挙げるだけでも、いま話していた所得税や法人税のほかにも、住民税、固定資産税、そして相続税に贈与税、さらには、たばこ税もあり、だれにでもなじみのあるであろう消費税があります。

本書は、こうした税金の種類について、あますことなく、しかし専門的に入りすぎず、わかりやすく解説をしていきます。

TAX 3

事業をしている人の売り上げで考えてみると……？

税金は「理屈でつくられたもの」だといいました。

アラジンの魔法のランプでは、欲しいものを言葉としてかけるだけで、その人の願望があれよあれよという間に実現しますよね。

国や自治体の立場に立って、税金というものを眺めてみると、じつは税金も言葉で構成してしまえば、つまり、法律のなかで仕組みとしてつくってしまえば、その言葉どおりに、あとは自動的にお金が入ってくる。

そういう仕組みなんです。

えっ、と思われたかもしれません。

わたしたちは払う側の立場でみているので、「税金は払わなければいけないもの」「自動的に払わされるもの」という感覚が、とても強いと思うのです。

しかし、このように、払ってもらえる側の国や自治体の立場で考えてみれば、税金は、自動的にもらえる、大変ありがたいお金ということになるはずです。

実際にも、あとでみるように、国にとっても自治体にとっても、税金は極めて重要な収入源になっています。[*13]そう、それが税金の見方を変えた「姿」なのです。

個人事業主や会社にたとえて考えてみれば、提供するサービスや商品が売れたことで初めて入ってくるはずの「売り上げ」と、似ています。

では、ビジネスをする立場で考えたときに、こうした売り上げは、言葉をつくれば、それだけで自動的に入ってくるでしょうか?

いや決して、そうではないですよね。

その商品やサービスを欲しいという人との間で契約をして、商品やサービスを提供する。まずは、そのことが必要でしょう。こうしたお客さんからの入金を待って、初めてビジネスでは売り上げが発生します。そのためには、商品やサービスが良いものであることを多くの人に知ってもらうために、広告をして宣伝しなければならないでしょう。営業の努力もまた、必要になるでしょう。

つまり、言葉だけで仕組みをつくれば、**自動的にお金が入ってくるなどということは、わたしたち民間の人間が行うビジネスでは、あり得ない**ことだということです。

「いま流行りのサブスクが、民間にもあるじゃないか」と、思われた方もいるかもしれません。しかし、サブスクだって契約によって成り立っていますし、解約されたらジ・エンドです。

会社勤めの方の立場で考えても、リモートワークであれ通勤であれ、会社の指示に従って働くことで、初めて毎月の給料はもらえるわけです。投資にもリスクがあります。

こうしてみると、「言葉をとなえるだけで、お金が入ってくる」などということは、やはりあり得ないでしょう。

このように考えると、税金というものは、極めて特殊なものであることに気づかれるのではないかと思います。

それでもまだ、「いや、といっても、法律というルールでつくられているのだから、仕方がないでしょう」というように、再び思考停止になってしまうかもしれません。

＊13　国の税収は、2024（令和6）年度の一般会計歳入（当初予算）によれば、69・6兆円あります（国税庁「国税庁レポート2024」9頁参照）。また、たとえば、東京都の都税収入は、6兆3865億円あります（東京都主税局HP「令和6年度一般会計予算」参照）。

でも、本書でみていくように、世にある多くの税金は、現実にたくさんの理屈をもっています。そして、それらを根拠に、さまざまな場面で発生します。

TAX 4 マンションを売ったときにかかる税金を考えてみると……？

たとえば、こんな例を挙げてみましょう。

10年前に買ったマンションを、鈴木さんが田中さんに売却したとします。

10年前に買ったときは4000万円したのですが、マンション価格の上昇により、中古なのに7500万円で売ることができました。10年もたっているのに、3500万円も得するなんて嬉しいことでしょう。

しかし、このとき、この3500万円については、資産の値上がりによる利益（所得）を得たものと評価され、鈴木さんには所得税が課されます。[*14]

一方で、マンションを買った田中さんには、所得税はかかりません。[*15]

しかし、マンションという不動産を取得したことから、不動産取得税が発生します。

不動産を購入した田中さんは、その所有権を正規に登録するため、法務局に登記をするでしょう。[*16] そうすると、登記をしたことから、田中さんには、登録免許税も発生します。田中さんは、今後そのマンションを所有し続ける限りは、毎年、固定資産税も払い続ける必要があります。

さらにです。マンションの売り買いは、重要な約束事によって成り立っていますから、鈴木さんと田中さんは、マンションの売買について契約書をつくるはずです。このような契約書をつくったことに対しては、印紙税という税金が発生します。

＊14　ただし、個人が住宅を売却した場合には、特例措置があり、条件を満たせば3000万円までの部分については所得（利益）があっても、譲渡所得の課税はされません（租税特別措置法35条1項）。

＊15　例外的に、時価（市場価格）よりも著しく安い価格で購入した場合、その安くなった部分については、贈与税が発生する場合があります（相続税法7条。みなし贈与）。「著しく低い価額の対価で財産の譲渡を受けた場合においては、当該財産の譲渡があつた時において、当該財産の譲渡を受けた者が、当該対価と当該譲渡があつた時における当該財産の時価（略）との差額に相当する金額を当該財産を譲渡した者から贈与（略）により取得したものとみなす。」という定めがあるからです。

＊16　不動産の所有権を取得した者は、所有権が移転したことの登記をしておかないと、もし同じ不動産が別の者に二重に売られたような場合に、その買主に所有権を主張できなくなるおそれがあります（民法177条参照）。不動産の登記は、不動産の所有権などの所在を登録してオープンにしておくことが法律のルールで定められているのです（公示制度）。

■マンションの売買でかかる税金

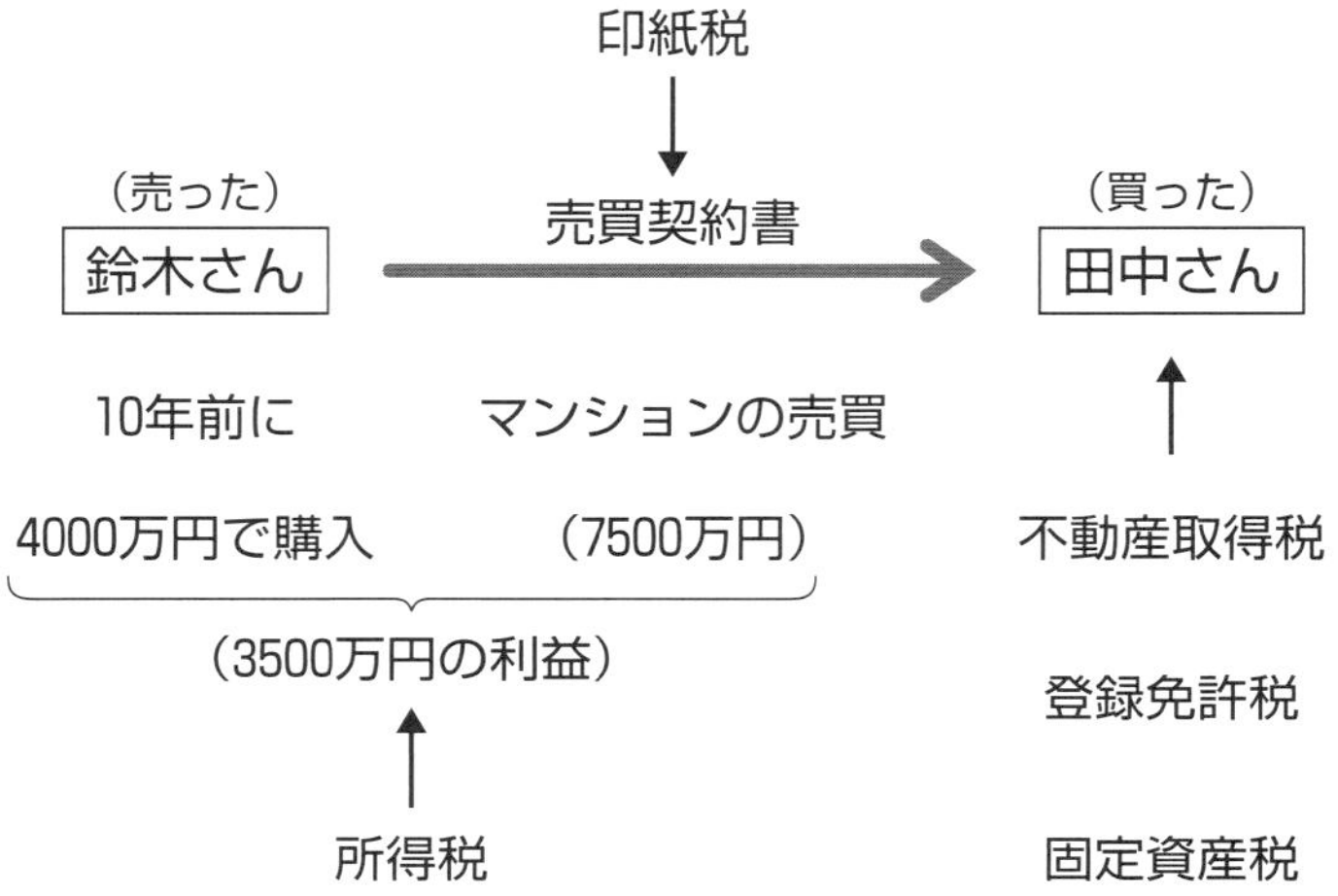

これを図表で整理すると、上のようになります。

「税金のことは、よくわからない」

「むずかしそうだから、困ったときは税務署に相談しようかな」

「ネットで調べればいいやと思っていたけど、複雑すぎて読んでもよくわからないぞ」

「節税するためには、お金を払ってでも、専門家の税理士さんに相談するのがいいのでは？」

「いや、まずは自分で考えるべきでしょう」

「で、専門的なことがまとめられた本を買ってみた。読んでみたら、知識は得られたよ」

「ただ、実際に自分にどのように当てはまるのかまではわからなかった」

「そもそも税額の計算なんて、自分にでき

ないし……」

このような感想が再び、図示した例をちらっとみるだけでも、わいてきたかもしれません。

「税金は、決まりどおりに払うしかないもの。つまり、自動的にとられるもの！」

そんな思考停止に陥ってしまう方も多いのではないかと、先ほど述べました。このように、マンションの売却ひとつを例に取ってみても、「いろんな税金がかかるんだなぁ」ということがわかりますよね。

もちろん、住宅用のマンションとして田中さんがこのマンションを購入したのだとすれば、その後の毎年の所得税については、銀行からのローンの残高に応じて住宅ローン控除という減税を受けることができます。[*17]

*17　住宅ローン控除といって、居住用の不動産を、金融機関からお金を借りて（ローンを組んで）購入した個人は、一定期間にわたり、その年の所得税（控除しきれなかった部分は住民税）からローン残高に一定の割合をかけた税額の控除を受けることができます（租税特別措置法41条参照）。ただし、住宅ローン控除を受けるためには、法律で決められた条件を満たしていることが必要です。

だから、制度を上手に利用すれば、上手に節税もできる。そんな側面もあるのは事実です。

そう考えてみると、節税ものの本は、ビジネス書でよくみかけますよね。

なるほど、

「なるべく税金がかからないようにしたい」

「できることなら、その方法を知りたい」

そのようなニーズがだれにでもあることは、よくわかります。


でも、本書では、そのような節税の仕組みを解説することには、主眼を置きません。


自分が税金を払う立場にはまだないような小学生、中学生、高校生。さらには年金暮らしのシニアの方、子育てを行いながら共稼ぎもしている方などのためにも、本書はあります。

バイトにサークルにインターン、ゼミに就活と忙しいなかで、意欲的に学ぼうとしている大学生の方のためにも本書はあります。

そして、どのような方であっても、税金とはなんなのかについて、その根源を知りたいという知的好奇心の灯をともしているあなたに、本書はその答えを示していきます。

先ほどの例ですが、税金は「理屈でつくられたもの」だといいました。マンション売却の例で考えると、それぞれの理屈は、次のとおりです。

- マンションを売って、値上がり益を得たから「所得がある」という理屈（所得税[*18]）。
- マンションという「不動産を取得した」という理屈（不動産取得税[*19]）。
- マンションという不動産の所有権の「登記をした」という理屈（登録免許税[*20]）。
- マンションという不動産である「固定資産を所有している」という理屈（固定資産税[*21]）。
- 不動産の売り買いという高額な「契約書を作成した」という理屈（印紙税[*22]）。

＊18　所得税法に規定があります（同法33条1項）。所得税の税収は、２０２４（令和６）年度の予算額で17兆９０５０億円あります（財務省ＨＰ「令和６年度租税及び印紙収入予算の説明」参照）。

＊19　地方税法に規定があります（同法73条の2。ただし、地方税なので、詳細は自治体の条例によって定められています）。不動産取得税の税収は、２０２２（令和４）年度で４１８５億円あります（総務省ＨＰ「不動産取得税の概要と歴史」参照）。

＊20　登録免許税法に規定があります。登録免許税は、税収の公表データがありません。

＊21　地方税法に規定があります（同法３４３条。ただし、地方税なので、詳細は自治体の条例によって定められています）。固定資産税の税収は、２０２２（令和４）年度で９兆５７７０億円あります（総務省ＨＰ「固定資産税の概要と歴史」参照）。

＊22　印紙税法に規定があります。印紙税は、現金納付以外の税収の公表データがありません。

これらの理屈を前提に、一定の計算式で自動的に計算される税金の種類を、法律のルールで決めてしまえば、もうそれだけで税金はいたるところで発生できる力をもちます。

税金には、言葉による理屈ひとつで、無限に発生するパワーがあるのです。

このような状況について、ある論文を読むと、次のような表現がされています。

「不動産に対しては、納税義務者を変え、租税の種類を変え、様々な時期に、異なる課税標準により、波状的に多種多様な租税が課されている[*23]」

いきなり専門的な言葉が登場して、わかりにくい部分もあったかもしれませんが、先ほどみたマンションの売り買いの例からわかるように、さまざまな理屈をつくることで、さまざまな種類の税金が発生する、ということです。

こうした点について、この論文では、「法形式的には、多重課税とはいわれないようにする工夫がなされている[*24]」（傍点は筆者）という指摘もされています。

この指摘は、なにを意味しているのでしょうか。

それは、それぞれの税金ごとに「理屈」があるので、同じものに重ねて税金をかけているわけではないですよ、ということです。

一方で、このような状況を評して、「波状的に多種多様な租税が課されている」とも述べられています。要は、理屈を用意して、「多重課税」とはいわれないように法律が工夫している、ということです。

＊23　岩崎政明「不動産に係る多重課税の排除について」法学新報11巻12号（2017年）100頁。
＊24　岩崎・前掲注23、107頁。

TAX 5

国は税金をもらうだけなのか、それに見合う仕事をしているのか？

税制改正といって、税金のルールを定めた法律は、じつは毎年、毎年改正されています。たとえば、所得税の住宅ローン控除については、改正によって対象が拡大されたという事実もある反面、控除される割合（控除率）は、ローン残高の1％から0・7％に引き下げられる改正がありました。[*25]

このように法律のルールを変えることで、同じ税金でも、その額が上がったり下がったりしているのです。

・競合他社に顧客を奪われて、売り上げが少なくなった
・長期的スパンで行ってきた設備投資が機能して、売り上げが上昇傾向にある
・SNSやインターネットを通じた広告が功を奏して、売り上げが伸びた
・人々のニーズがデジタルに奪われるなか、業界全体で売り上げが大きく減少し続けている

■一般会計税収の推移

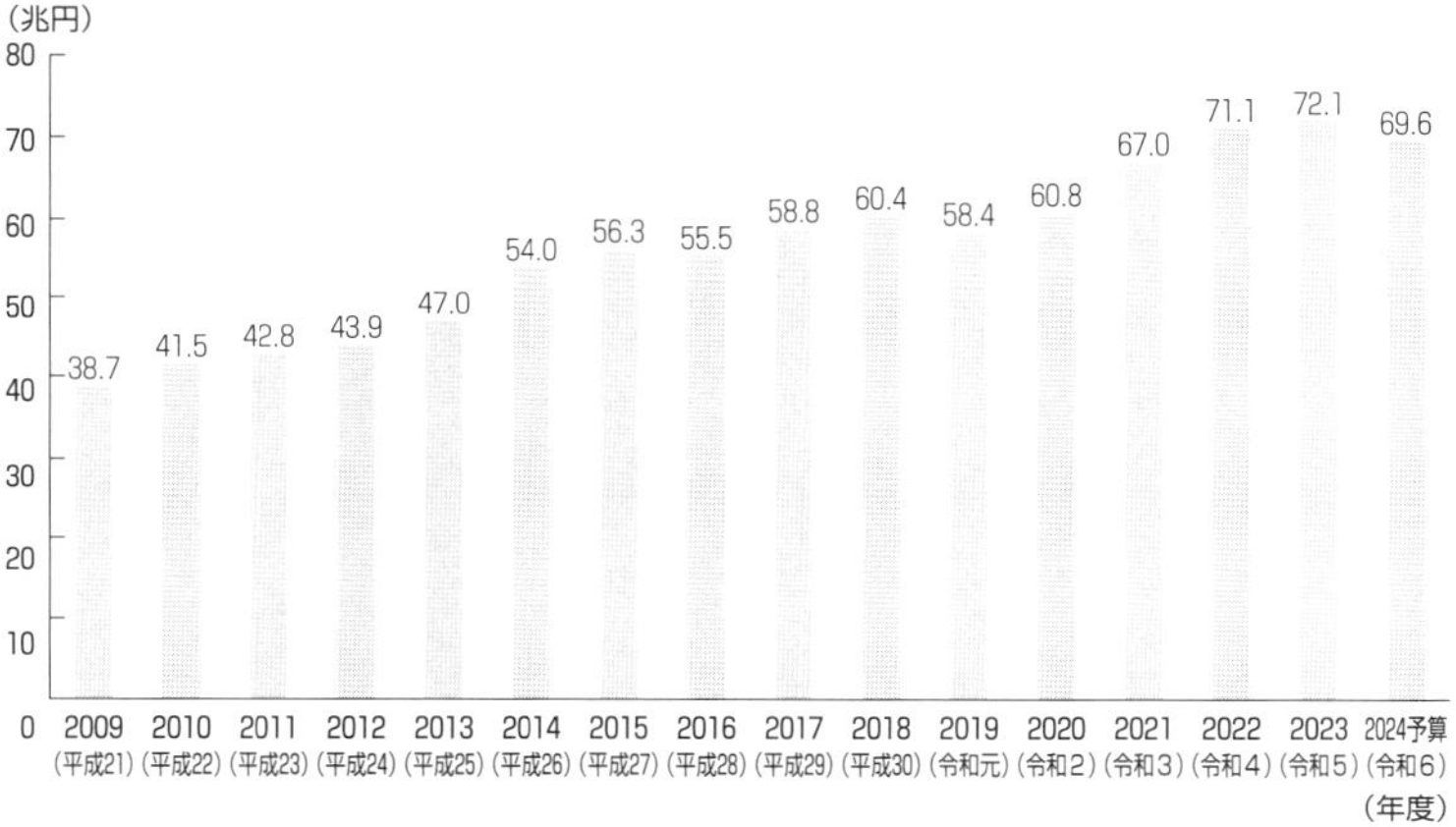

注：2023（令和５）年度以前は決算額、2024（令和６）年度は予算額である。

出典：財務省ＨＰ「一般会計税収の推移」をもとに一部加工

こうしたことは、民間企業であれば、どんな業種であれ、常に起き得ることでしょう。

そして、これらの状況を挽回し、あるいは堅調に売り上げをさらに伸ばしていくためには、たゆむことのない企業努力が必要になるのでしょう。

しかし、これが税金になると、どうでしょう？　国や自治体の税収ということになりますが、**税金はその根源となる「理屈」を毎年修正しています。**

それだけ税金は、どんどんどんどん国や自治体に入ってくるという仕組みになっているのです。一部については、なにかの政策目的によって減税をしているとしても、[*26] 他の部分で増税をしているのが通常です。

それで税収は、基本的には伸びる一方なのです。

物価高の影響を受けているといわれていますが、実際にも、近年の税収は大きく上がっています。２００９（平成21）年からをみると、２０２３（令和５）年までの間に、38兆円だったものが、30兆円以上増えて、72兆円までに税収が上がり続けてきたことがわかります。

それであるとき、総理大臣が、国民にこれを還元しようと宣言しました。[*27] そうしたら、増税ばかりしている政権のダメージを最小限にするために、明確な根拠もないまま、ごく一時的に行う減税に過ぎないと評価され、批判がされました。２０２３（令和５）年の話です。

まさに税金は、このように理屈を示すことさえすれば、上げることも下げることも、自在にできてしまうものなのです。

では、国はなにもしないで、理屈さえつくれば、ただで税金をもらえるのか、あるいは減らせるのか、といえば、そうではありません。

三権に分かれた国の１つの機関として立法権を担う「国会」では、税金のルールを定めた法律を改正しています。こうした改正の準備作業として、政府の「**税制調査会**」では毎年現在の税制について改正のあり方を検討しています。[*28] 以上は、立法（法律）の問題です。

すでにある法律のルールどおりに、国民が税金を支払っているかをチェックする機関も国にはあります。

全国に５２４ある**税務署**では、税金が適切に支払われているかを調査しています。[*29] いわゆる

「**税務調査**」です。

調査をした結果、適切な税金の支払いがなされていないことが発覚した場合、税金をあとから追徴《ついちょう》して回収することもしています。

いま手元にお金がないなどの理由をつけて、なかなか払ってくれない人たちに対して、さま

＊25　2022（令和4）年改正。

＊26　**租税特別措置法**には、特定の政策目的をもった減税措置がさまざまあります。基本的には期間を区切った時限立法になっているのですが、毎年の税制改正で延長されたり、条件が変わったりしています。たとえば、**賃上げ促進税制**、**DX（デジタル・トランスフォーメーション）投資促進税制**などがあります。

＊27　NHK「NEWS WEB」の「岸田首相〝税収増加分の一部を国民に還元〟所信表明で強調へ」（2023年10月18日）参照。

＊28　税制調査会については、**内閣府本府組織令**（平成12年政令第245号）に、①「内閣総理大臣の諮問に応じて租税制度に関する基本的事項を調査審議すること」と、②上記「諮問に関連する事項に関し、内閣総理大臣に意見を述べること」をつかさどるものと定められています（同令33条）。さらに、**税制調査会令**（平成25年政令第25号）に、税制調査会は委員30人以内で組織すること、特別の事項を調査審議させるため必要があるときに特別委員を置くことができること、専門の事項を調査させるため必要があるときは専門委員を置くことができることが定められています（同令1条）。

＊29　任意の協力のもとで成り立つ行政調査としての税務調査が広く行われています（**任意調査**）。脱税が疑われる場合に、裁判官の令状を受けて強制的な調査を行う**査察調査**もあります。このような**強制調査**は、税務署の上部機関にあたる国税局の査察部によって行われます。

ざまな手段を用いて税金の徴収をしているのも、税務署です。

国の一部の機関である行政府も、こうして税務署を中心に日々努力をしています。

さらに、法律のルールに則った税金の徴収ではないとして、国民から裁判を起こされたら、税務訴訟という行政訴訟になります。

このとき国は、課税の根拠が適切であったことを裁判で立証しなければなりません。

こうした仕事を国は行っているので、言葉で理屈を書いてしまえば、それだけで自動的に税収が上がり続けるというと、語弊があるかもしれません。

ただし、あとで解説するように、税金はもともとなにかの対価ではないのです。

だから、サービスの提供や商品の引き渡しの対価としてもらう民間事業者のビジネス上の売り上げとは、じつは違うものなのです。

もちろん、国民は、国や自治体から、行政サービスの提供を受けています。それでも、ここで受けるサービスは払った税金の対価ではありません。なぜかというと、税金をたくさん払ったとしても、払わなかったとしても、選挙では1票しかありませんし、受けられる行政サービスにも違いはないからです。もし対価なのだとすれば、たくさん税金を払った国民は、それだけ他の国民より質の高いサービスを受けられるはずですが、そうはなっていませんし、税金を払っていない国民も、行政サービスを受けることはできるわけです。

そもそも、わたしたち国民1人ひとりは、税金を払う前に国や自治体との間で、個別になにかの契約をしているわけでもありませんよね。

そうです。つまり、法律のルールとして決められたら、国民に対する行政サービスを提供するための収入になっている。それでも個別になにかの対価としてではなく、ルールの条件を満たせば、強制的に発生してとられてしまうもの。

それが、「税金」の正体なのです。

TAX 6

税金には仕組みがある？

こうして考えると、国や自治体の収入の根源としての税金は、法律の文章で理屈をつくってしまえば、あとは自動的に徴収することができる仕組みになっていることがわかります。

先ほど述べた民間企業の売り上げとは、いっけん似ているようで、じつは全然違うわけです。

それは、これまでの話をまとめると、次の3点からいえます。

① 国や自治体の収入になり、国民に対する行政サービスの提供にあてられること

② それでも、個別的な対価として支払うわけではないこと

③ 個別の契約をしなくても、法律のルールの条件を満たす限り、自動的に税額が決まり、強制的にとられてしまうこと

これが税金のもっている極めて特殊な部分なのです。[*30]

それがよいか、悪いかといった議論ではありません。

国家を運営していくためには、あるいは、自治体が住民に適切な行政サービスを提供していくためには、当然ながら膨大なお金がかかるからです。

自治体については、こうした観点から国民の選択で寄付を行うことのできる仕組みが、「ふるさと納税」として、近年は注目されています。[*31] それでも基本的には、自動的に徴収される「税金」がやはり重要な収入になるのが、国であり、自治体です。

わたしたちは、国からも自治体からも行政サービスの提供を受けています。

---

*30 ①を**公益性**、②を**非対価性**、③を**権力性**といいます（金子宏『租税法〔第24版〕』〔弘文堂、2021年〕10－11頁参照）。税金の性質の詳細は、第1章4で説明します。

*31 **ふるさと納税**は、強制的に徴収されるものではなく、支払う対象の自治体もその額も自由に選択できるため、寄付であり、税金ではないと考えられています。この点について、最高裁判例で裁判官個人の意見ですが、宮崎裕子裁判官の補足意見があります。次のとおりです。

「もし地方団体が受け取るものが**税なのであれば、地方団体がその対価やお礼を納税者に渡す（返礼品を提供する）などということは、税の概念に反しており、それを適法とする根拠が法律に定められていない限り、税の執行機関の行為としては違法のそしりを免れない**ことは明らかであろう。他方で、地方団体が受け取るものは**寄附金であるとなれば、地方団体が寄附者に対して返礼品を提供したとしても、返礼品は、提供を受けた個人の収入金額と認識すべきものにはなるが、納税の対価でも納税のお礼でもなく、直ちに違法の問題を生じさせることにはならない**」（最判令和2年6月30日民集74巻4号800頁）。

整った道路を利用したり、子どもを学校に通わせることができたりします。問題が起きたらいつでも対応してもらえる、警察署や消防署もありますよね。

役所にさまざまな手続きを求めることもできます。

世界の情勢が混沌《こんとん》としているなかで、外国からのミサイル飛来などへの防衛・安全保障も国が対応をしてくれています（現実に現在の安全保障体制がどこまでしっかりされているかは別として、少なくとも国には国民の安全を守る義務があります）。

こうして国から守られた社会のなかで、収入を得て日々の暮らしを実現する。そんなわたしたち国民には、基本的には自助努力が必要ですが、日本で快適に豊かな暮らしを行うことのできる環境は、国から提供されているといえるでしょう。

本当に困ったときには生活保護を受けたり、老後には年金をもらったりすることができますが、これらも税金からの拠出《きょしゅつ》がされています。

こうした大前提を考えれば、税金はわたしたち国民1人ひとりにとって、当然に払わなければならないものともいえるでしょう。さてそうなると、総論的にみれば、税金を払う必要性については、うなずくことができる部分もあるのではないでしょうか。

行政サービスの提供の仕組みとして、理屈で生み出すことのできる税金があるのです。

ある意味、ものすごい発明ともいえるかもしれません。しかし、歴史を振り返れば、さからうこともできずに、いわれたとおりに払わなければならないのが、古くは税金でした。

日本でも、1868（明治元）年の明治維新後、1945（昭和20）年に終戦した第二次世界大戦まで、多くの税金が戦費調達のために創設されてきました。こうした歴史があるのは、事実です。

それが現在につらなり、いまでは「法律」というルールのなかに理屈をつくってしまえば、あとはやはり自動的に発生するものになっているのです。

ある意味で**現代では、合理的に社会の仕組みとしてつくり込まれている**のが、税金といえるでしょう。

さて、ここまでを読んできて、税金に対して「わかってきたこと」と「まだわからないこと」が、あなたにもあるのではないかと思います。

疑問を感じたことや、調べてみたくなったこと、読んでいて少し反論してみたくなったことなども、あったかもしれません。

さあ、税金になんらかの引っかかりも含めた「興味」をもっていただいたところで、序章はこれで終わりです。

次章では、「税金の仕組み」についてごく基本的なところ、つまり「税金の基礎知識」を、わかりやすく解説していきます。

TAX

第1章

税金とは、どのようなものなのか？

TAX 1

国の収入と税収の現状

毎年6月になると、「国税庁レポート」が公表されます。国税庁のホームページにアクセスすると、読むことができます。

「国税庁レポート」には、1年間の国の収入とこれに占める税金の割合が、円グラフで示されているので、みてみましょう。

次頁左の円グラフと「国税庁レポート2024」の説明を合わせてみると、2024（令和6）年度の国の収入が、112兆5717億円であったことがわかります。

そして、そのうち税金の収入は、69兆6080億円を記録していることもわかります。

この税金の収入の内訳について示された円グラフがあります（次頁右の円グラフ参照）。

69・6兆円の内訳は、どのようなものであったのでしょうか。

最も収入が大きかったのは、消費税です。23・8兆円あり、税収の全体のうち、34・2％を占めています。

次が、法人税です。17・0兆円あります。その次は源泉所得税で、14・2兆円を記録してい

■国の収入（令和6〔2024〕年度一般会計歳入〔当初予算〕）

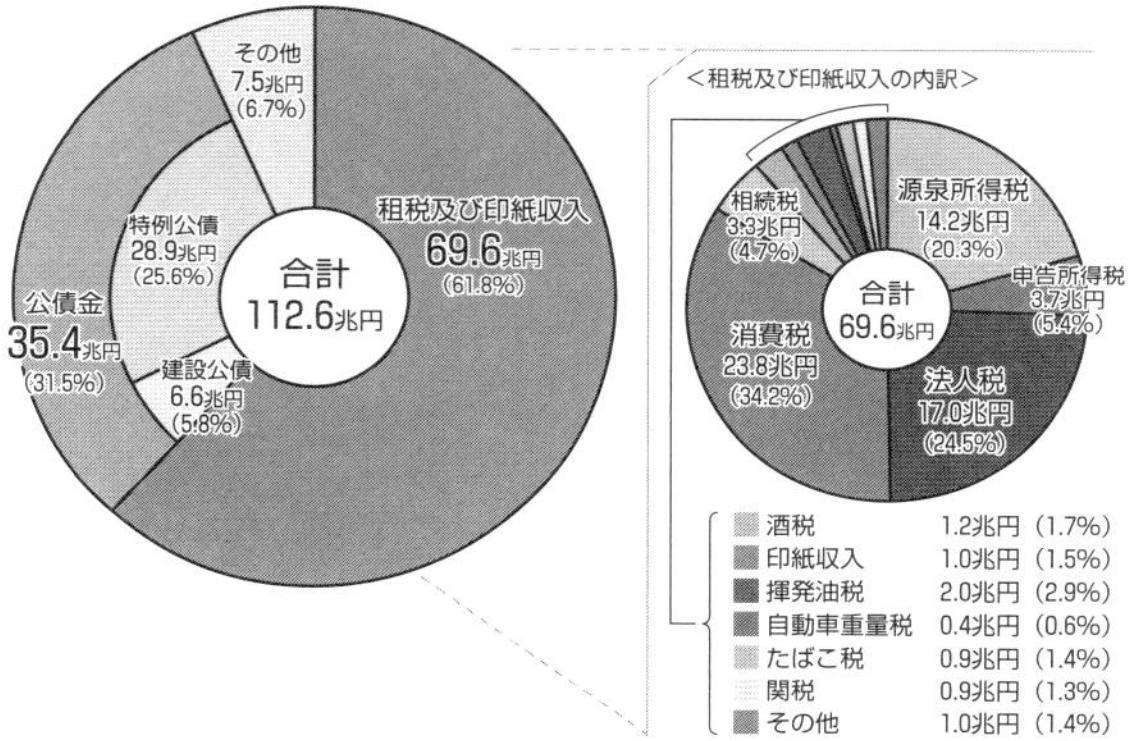

注１：公債金は、公共事業費などを賄うために発行された建設公債と歳入の不足を埋め合わせるために発行された特例公債による収入であり、全てが将来返さなければならない借金です。
注２：各項目の合計金額と「合計」の金額は、端数処理のため一致していません。
注３：国の支出については、財務省ホームページ「日本の財政を考える」をご覧ください。

出典：国税庁「国税庁レポート2024」９頁をもとに一部加工

ます。そのあとには申告所得税があり、こちらは３・７兆円。さらにそのあとには、相続税です。相続税は３・３兆円になっています。

あとで述べるように、源泉所得税も申告所得税も、いずれも所得税です。詳細はあとで説明しますが（第３章１参照）、ここで簡単に示しておくと、次のようになります。

所得税
- **源泉所得税（＝税務署と所得を得る人に代わり会社などが天引きして支払う）**
- **申告所得税（＝所得を得た人が自分で税務署に確定申告をして支払う）**

そうすると、日本の国の税金の収入（**税収**）は大きく分けて、①消費税、②所得税、③法人税の三本柱があることがわかります。

日本の国の税収（三本柱）
① 第1位　消費税（23・8兆円）
② 第2位　所得税（17・9兆円）
③ 第3位　法人税（17・0兆円）

という順位です。そして、これに次いで、④相続税（第4位）があるという状況ですね。

収入自体はこれらの4つの税金ほどにはありませんが、ほかにもさまざまな税金の収入が国を支える財源になっています。

もう一度グラフをみてみると、揮発油税が2兆円、酒税が1・2兆円、関税が0・9兆円、たばこ税が0・9兆円、印紙収入が1・0兆円、自動車重量税が0・4兆円となっており、「その他」としても1・0兆円あることが、このグラフには書かれています。

これらの詳細については、財務省のホームページをみると、さらに詳細な資料があるんです。

「令和6年度租税及び印紙収入予算」という表なのですが、そのなかで「令和6年度予算額」のみを挙げてみると、次のように各税金の税収の詳細がわかります。

源泉所得税	14兆1600億円	申告所得税	3兆7450億円
（所得税合計）	17兆9050億円	法人税	17兆0460億円
相続税	3兆2920億円	消費税	23兆8230億円
酒税	1兆2090億円	たばこ税	9480億円
揮発油税	2兆0180億円	石油ガス税	40億円
航空機燃料税	320億円	石油石炭税	6060億円
電源開発促進税	3110億円	自動車重量税	4020億円
国際観光旅客税	440億円	関税	9170億円
とん税	90億円	印紙収入	1兆0420億円

（合計69兆6080億円）

右に列挙したものは最新の統計データでした。これまでの過去の日本の税収がどうであったのかについては、財務省のホームページに次頁のようなグラフがあります。

■一般会計税収の推移

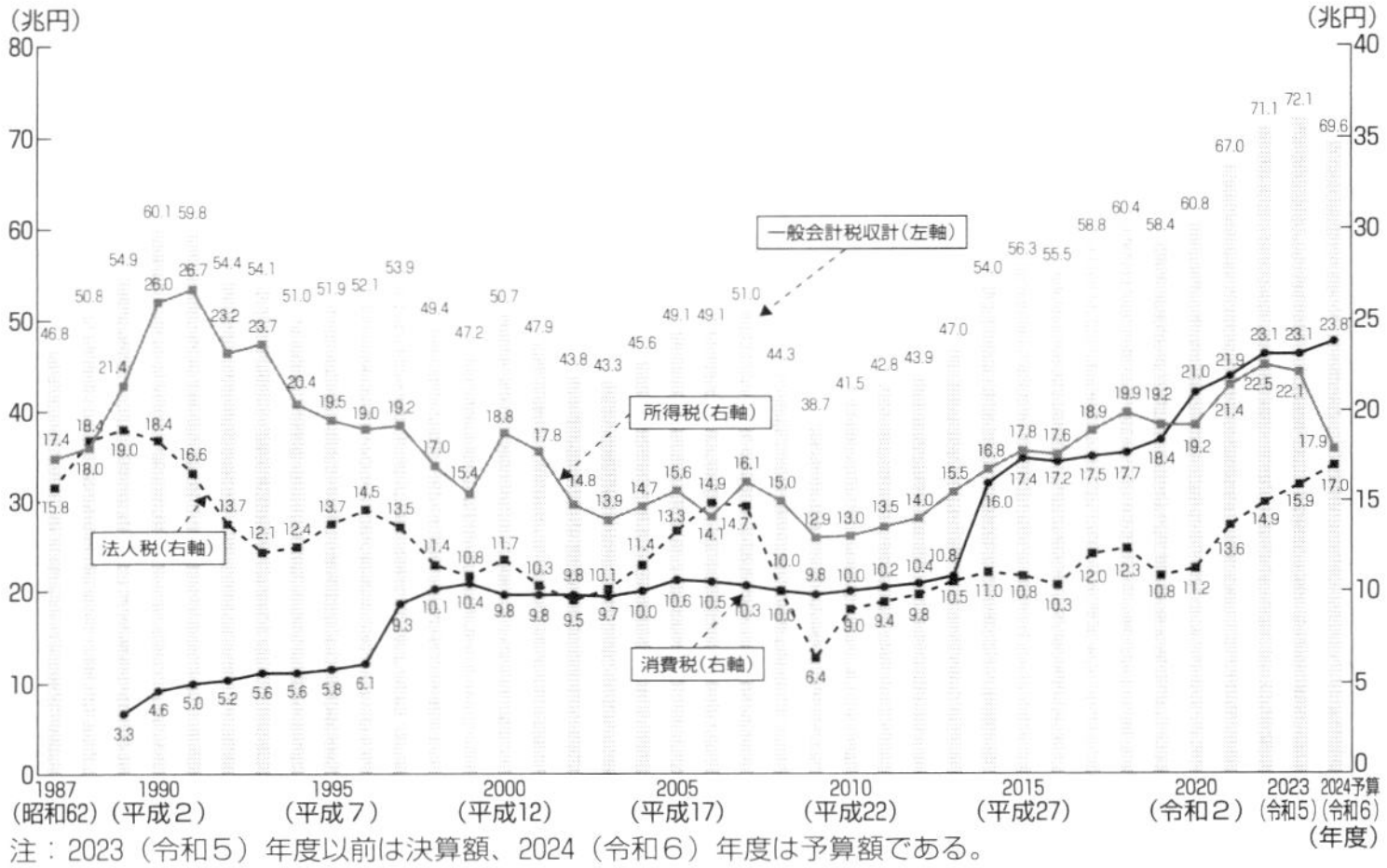

注：2023（令和５）年度以前は決算額、2024（令和６）年度は予算額である。
出典：財務省「一般会計税収の推移」をもとに一部加工

上の棒グラフをみると国の収入は、２００９（平成20）年以降、基本的に右肩上がりで、増え続けていることがわかると思います。この部分は序章でも少し触れたところでした。

税収との関係でいえば、これまでは所得税が圧倒的に第1位であったこともわかると思います。現在1位になっていた消費税は、その税率が10％に上がってから、その結果として税収のトップに躍り出たものなんですね。つまり、このグラフからもわかるように、消費税が税収の1位になったのは、この数年の話に過ぎません。

会社などの企業を中心に団体が支払うことになる法人税については、税収が所得税に次ぐ大きな財源であった年もありましたし、わずかに所得税を超えていた年もあり

■所得・消費・資産等の税収構成比の推移（国税）

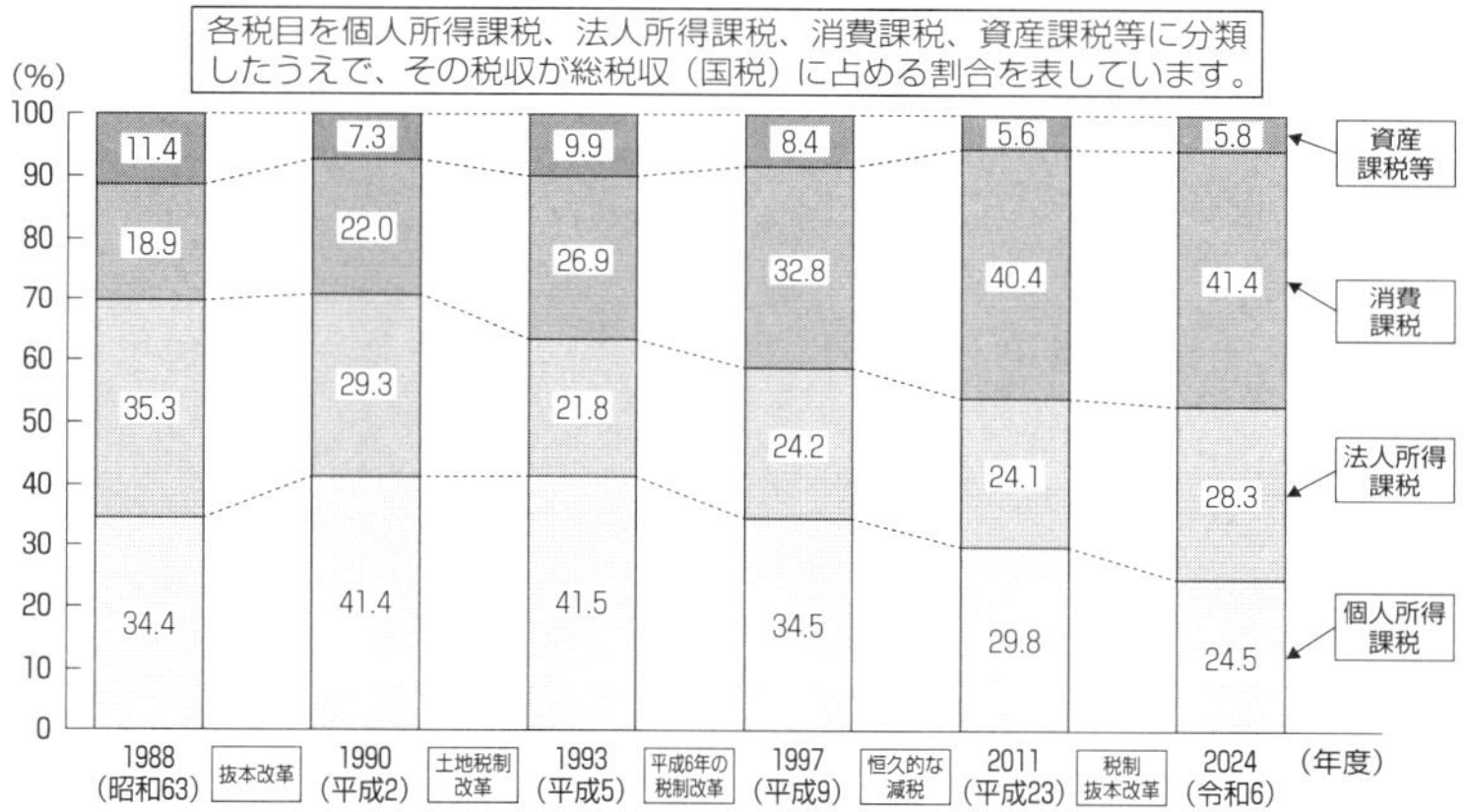

注１：2011（平成23）年度までは決算額、令和６年度は予算額による。
注２：所得課税には資産性所得に対する課税を含む。

出典：財務省「所得・消費・資産等の税収構成比の推移（国税）」をもとに一部加工

ました。２００６（平成18）年です。

もっとも、近年は企業の国際競争を保護する観点から、これまで高かった法人税率を諸外国に合わせて下げてきたこともあり、近年は、消費税や所得税に及ぶような数値の記録はできていません。

財務省ホームページには、いろいろと面白い資料が掲載されています。そのなかに、「所得・消費・資産等の税収構成比の推移（国税）」という資料があります。

上の棒グラフですが、これをみると、１９８８（昭和63）年から２０２４（令和６）年までの国の総税収に占める、税金の種類ごとの割合の推移がわかります。

税金の種類については、次章で解説をします。少し先取りしておくと、このグラフにあるように、「所得」に対する税金（所得税・法人税など）、「資産」などに対する税金（相続税など）、「消費」に対する税金（消費税など）に分けることができます（第2章1参照）。

このグラフをみると、資産に対する税金（**資産課税等**）の税収割合は少ないものの、近年は消費に対する税金（**消費課税**）が4割を超える軸足となり、そこに所得に対する税金（**所得課税**）としても、「個人」（所得税などの**個人所得課税**）と、「法人」（法人税などの**法人所得課税**）が、それぞれ2・5割ほどの重要な役割を果たしていることがわかります。

このように、さまざまな種類の税金を使って、特定の税金に偏ることなく、国の税収を上げていく仕組みを「**タックス・ミックス**」と呼びます。

所得に対する税金は、企業や個人の「**利益**（もうけ）」を対象にするため、景気に左右されやすいといわれます。

これに対して、**消費に対する税金は、景気に左右されにくい**のが強みです。個人や法人が行い続ける消費活動を対象にするからです。利益を得ていたかどうかにかかわらず、広く多くの人が負担することになります。所得税や法人税は赤字になると税金がゼロになるのですが、消費税はこのようなことが起きません。この点で、消費税は、安定して国に入ってくる税金だといえます。

さまざまな税金からの収入を得ながら、消費税を税収の中心に置く考え方には、少子高齢化が加速度的に進んでいる日本の実情もあります。増え続ける社会保障費の負担を国が行っていくための財源として、消費税は考えられているからです（第5章1参照）。

タックス・ミックスの考え方は、「**税制改革法**」という法律にも明示されています。次の条文に書いてあるとおりです。

（今次の税制改革の趣旨）

第二条　今次の税制改革は、現行の税制が、産業構造及び就業構造の変化、所得の水準の上昇及び平準化、消費の多様化及び消費におけるサービスの比重の増加、経済取引の国際化等を反映して著しく変化してきた現在の経済社会との間に不整合を生じている事態に対処して、将来の展望を踏まえつつ、国民の租税に対する不公平感を払しよくするとともに、所得、消費、資産等に対する課税を適切に組み合わせることにより均衡がとれた税体系を構築することが、国民生活及び国民経済の安定及び向上を図る上で緊要な課題であることにかんがみ、これに即応した税制を確立するために行われるものとする。

傍線部分に「所得、消費、資産等に対する課税を適切に組み合わせる……均衡がとれた税体系」とありますが、これがまさにタックス・ミックスを指しています。

TAX 2

税金の計算——その仕組み

このように税金は結局のところ、毎年どれぐらいの収入を国が得ることができたかという統計データが記録され、公表されていくものです。

それは、より具体的にいえば、毎年国が使うことになる費用にあてるための財源になっているということです。

国の収入の使い道についても、ここでみておきましょう。

財務省ホームページの資料をみてみると、左のような2024（令和6）年度の国の収入と支出の円グラフがあります。これがわかりやすいと思います。

このグラフのように専門的には、国の収入は「**歳入**」という言葉が、その支出については「**歳出**」という言葉が使われています。その意味は「収入」と「支出」として読めば十分です。

法律のルールを理屈でつくってしまえば、自動的に発生する。序章の説明では、とても便利に思えた税金ですが、同グラフをみると、これだけ多くの使い道があって、わたしたちの暮らす社会に必要になっていることがわかるでしょう。

■2024（令和6）年度一般会計予算 歳出・歳入の構成

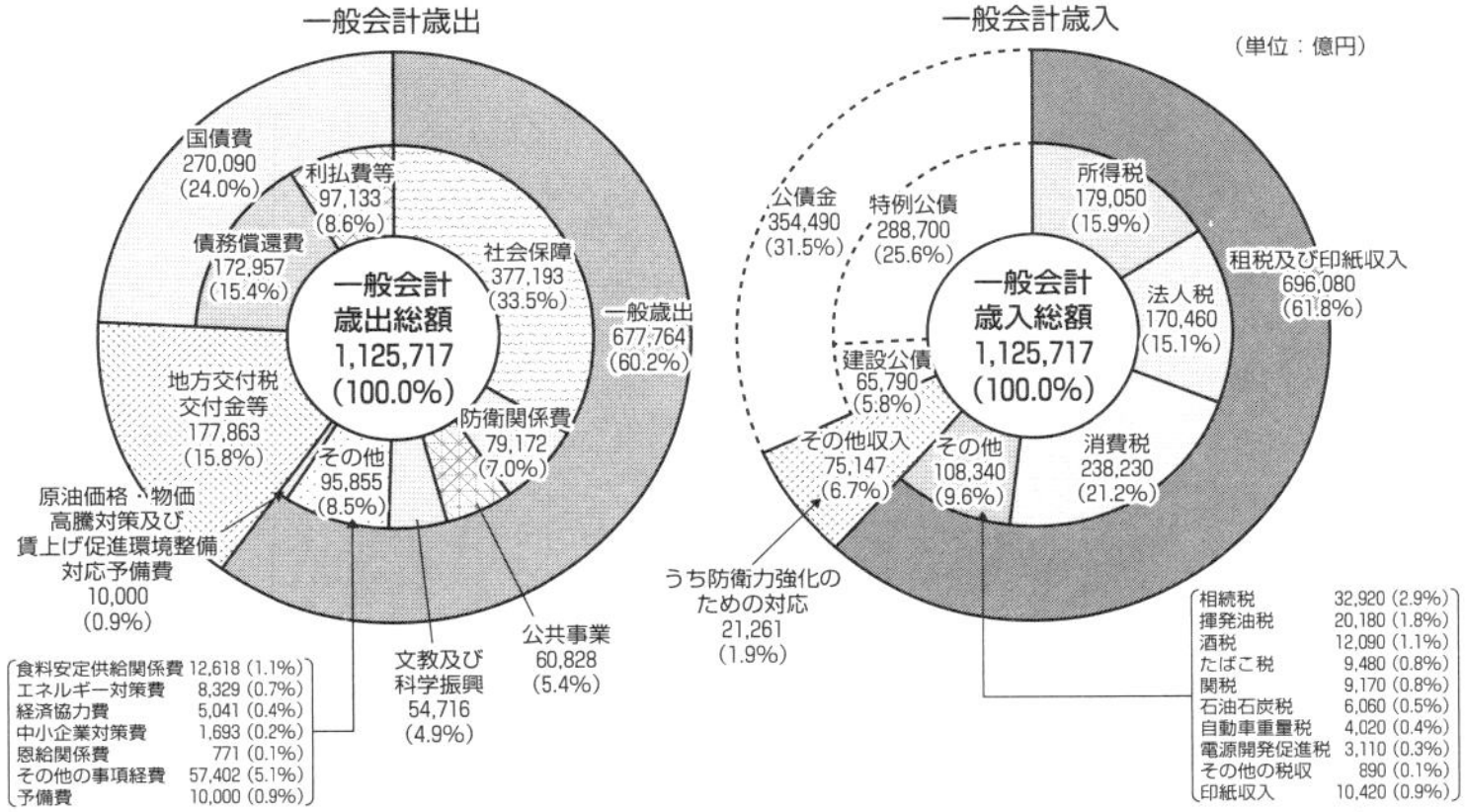

注1：計数については、それぞれ四捨五入によっているので、端数において合計とは合致しないものがある。
注2：一般歳出における社会保障関係費の割合は55.7%。

出典：財務省ＨＰ「令和６年度一般会計予算 歳出・歳入の構成」

結局のところ、税金というものは「具体的な金額」（税額）として顕在化します。

そして、こうして国が配分する費用として使われることになる、毎年の国の収入になります。つまり、「税収」というかたちで、国と社会の運営に貢献していくことになります。

では、税金は、どのように計算されるのでしょうか？

もちろん、1つひとつの税金ごとに、計算方法は異なります。そして、それぞれの税金の計算方法については、そのルールが法律に定められています。

たとえば、所得税であれば「**所得税法**」、法人税であれば「**法人税法**」、消費税であれば「**消費税法**」、相続税であれば「**相続**

税法」……というようにです。

このように、国の税金である「**国税**」の場合は、税金ごとに原則として1つの法律でルールが決められています。これを「**一税目一法律主義**」といいます。税目というのは、「ぜいもく」と読みます。税金の名前を指す専門用語です。

ただし、相続税に関連する贈与税は、相続税と合わせて「相続税法」という1つの法律のルールに書かれている、という例外もあります。

地方自治体の税金である「地方税」の場合は、序章で説明したように、基本的な大枠を「地方税法」という法律のルールで決めています。その詳細は、各地方自治体の「**税条例**」という条例のルールで決められています。

これを「**地方税条例主義**」といいます。

国の税金である「国税」の場合と違って、地方税の場合は、すべての税金について「**地方税法**」という1本の法律のルールで大枠が決められています。そのため、国税の先ほどの原則である「一税目一法律主義」は、地方税の場合は妥当しません。

このように、さまざまな法律でルールが決められている税金ですが、共通項として明確にいえる部分もあります。

それは、一般的な「税金の計算方法」です。ここでは、そのゴクゴク基本としての「考え方」をみていきましょう。

実際にその人が支払うことになる税金の額（税額）を「計算する」ときに、重要な要素がいくつかあります。

それは、まずは、①「対象と人を決める」ことです（**対象と人の決定**）。そして次に、②「対象を数値化して税率をかける」こと（**税率をかけるための数値化**）、になります。

この2つについて、具体的に説明しましょう。

まず、1つめの「対象と人の決定」（①）です。税金には、必ず「**対象**」があります。たとえば、所得税や法人税で考えると、所得税の「対象」は個人の所得であり、法人税の「対象」は法人の所得になります。

所得税の「対象」　↓　個人の所得

法人税の「対象」　↓　法人の所得

では、そのような所得税や法人税については、だれに発生するものなのかという問題が起きます。つまり、実際にその税金を支払うのはだれなのか、という問題です。これが「**人**」の決定になります。

たとえば、所得税の場合は、どうでしょうか。所得税の場合は、「所得を得た個人」が、税金を支払う「人」になります。法人税の場合には、「所得を得た法人」ということになります。

以上が「対象と人の決定」でした。言葉を変えると、それぞれ「**客体**」と「**主体**」ということもできます。わかりやすい表現をすれば、「**なにに対するものか？**」と「**だれに対するものか？**」ということもできます。

① 対象と人の決定（＝対象と人を決める）

対象　＝　客体　＝なにに対するものか？
人　　＝　主体　＝だれに対するものか？

次に、２つめの視点をみていきましょう。「税率をかけるための数値化」（②）です。「対象を数値化して税率をかける」ことですが、これはどういうことなのでしょうか？

先ほど説明した「対象」を思い出してください。「対象」とは、「個人の所得」であるとか、「法人の所得」であるとか、というように「言葉で説明される抽象的なもの」でした。

しかし、税金は具体的な数字として「**金額**」（＝**税額**）が計算されることが必要です。そうすると、「税金の対象」に決められた「**税率**」をかけることができるように、「対象」も数字に置き換えることが求められます。

これが「対象を数値化する」ことの意味です。専門的には、数値化された対象のことを「**課税標準**《かぜいひょうじゅん》」というのですが、要するに、税金の額を計算するために、税金の対象に税率をかけられるように「**数字に置き換える作業**」のことです。

ここにいう「数字」は、税金によって「**金額**《きんがく》**（価額**《かがく》**）の場合**」と、文書の数や重さなどの「**数量**《すうりょう》**の場合**」があります。

そして、専門的には、税率をかける数字を「金額（価額）」でとらえる税金を「**従価税**」といい、「数量」でとらえる税金を「**従量税**」といいます。

いっけんすると同じようにみえてわかりにくいかもしれませんが、金額（価額）に従って計算される税金が「従価税」です。これはあとで説明する「かける税率」も、「**パーセント（％）**」で表示されることになります。これが一般的な「税金」のイメージだと思います。

これに対して、数量に従って計算される税金が「従量税」になります。このあとで説明する「かける税率」については、その対象が「数量」になっています。金額（価額）ではないため、

「パーセント（%）」の税率が使えず、**「一定の額」**が決められることになります。

税率をかけるための数値化（課税標準）

金額（価額）……従価税 → パーセント（%）（税率）

数量……従量税 → 一定の額

たとえば、「従価税」（数値が金額〔価額〕の場合）では、所得税であれば、**「課税の対象になる（個人の）所得の金額」**を計算することになります。法人税であれば、「課税の対象になる（法人の）所得の金額」を計算することになります。

その基本的な考え方をみると、いずれも所得（利益）に対する税金なので、「収入－経費」で計算されます。1年で得た「収入」、つまり「年収」にすぐに税率をかけるのではなくて、収入を得るためにかかった「経費」を差し引いたあとの額に税率をかけるのです。

このように「収入から経費を差し引いたあとの額」、つまり「収入－経費」で計算された額が、所得税や法人税の場合は「課税の対象となる所得の金額」になります。

数量の例としては、印紙税の契約書「1通」や、酒税の「1kℓ（キロリットル）」などがあります。

「対象を数値化したもの」（専門的には課税標準）にかけることになる「税率」は、「かける」こと、つまり「かけ算」ができることを前提にした説明をしてきました。

　実際に多くの税金では、「パーセント（％）」（たとえば、30％）と換算できるような「**百分率**《ひゃくぶんりつ》」（たとえば、１００分の30）などになっています。また、税金によっては、「１０００分の20」のように、「**千分率**《せんぶんりつ》」が使われるものもあります。

　もっとも、あとで説明するように（第3章〜第5章参照）、税率にはもう1つのタイプがあります。それは、1つの単位ごとに決められた「一定の額」である場合です。

　印紙税や酒税などで採用されている税率です。表に書かれた金額（税率）そのものが、支払うべき税金の額（税額）になります。そこで「パーセント（％）」をかける作業は、こうした税金の場合には不要になります。そもそも、数値化された課税標準が「数量」なので、「パーセント（％）」をかけることができないからなのですが。

　こうした一定の額としてあらわされる税率を、本書では「**一定額の税率**」と呼ぶことにします。

　もっとも、メジャーな税金の多くは、やはり「かけ算」をすることで税金の額を計算する対象としての「パーセント（％）」です。

　こうした「パーセント（％）」で示すことができる税率を、本書では「**パーセントタイプの税率**」と呼ぶことにします。

税率をかけるための数値化（課税標準）

- 金額（価額）……従価税 → **パーセントタイプの税率**（税率）
- 数量……従量税 → **一定額の税率**

こうした「パーセントタイプの税率」については、大別して2つの種類があります。

1つは課税の対象（その数値）が増えると、税率も上がるタイプのものです。専門的には「**累《るい》進《しん》税率**」と呼ばれるものですが、いわば「**累進して動く税率**」といえます（以下では「累進税率」と呼びます）。

もう1つが課税の対象（その数値）が増えても、税率は変わらないタイプのものです。専門的には「**比例税率**」と呼ばれるものですが、いわば「**一定の比のまま動かない税率**」といえます（以下では「比例税率」と呼びます）。

パーセントタイプの税率

- 累進して動く税率 → 累進税率
- 一定の比のまま動かない税率 → 比例税率

たとえば、所得税ですと「累進税率」になっています。これに対し法人税となると、「比例税率」になります。所得に対する税金という点では同じですが、個人が支払う「所得税」と、法人が支払う「法人税」では、税率のタイプは異なるのです。

具体的には、次のような税率になっています。

（所得税の場合）[*32]

（課税の対象になる所得の金額）	その部分の税率（段階税率）＝限界税率
195万円以下の金額	5%
195万円を超え330万円以下の金額	10%
330万円を超え695万円以下の金額	20%
695万円を超え900万円以下の金額	23%
900万円を超え1800万円以下の金額	33%
1800万円を超え4000万円以下の金額	40%
4000万円を超える金額	45%

＊32　所得税法89条1項に税率をまとめた表（**税率表**）が記載されています。これをもとに作成したものです。

この表では「**その部分の税率**」と表記しましたが、このように「累進して動く税率」（累進税率）では、「一定の比のまま動かない税率」（比例税率）にはない、「**ブロックごとの税率**」があらわれることになります。

こうした「ブロックごとの税率」は、段階ごとの部分の税率になっているため、専門的には「**段階税率**」と呼ばれますが、「**限界税率**」と呼ばれることもあります。

専門的な文章を読んでいるときに、「税率の限界ってなんだろう?」と、言葉に疑問をもつことがあるかもしれませんが、「限界税率」というのは、「ブロックごとの税率」（段階税率）のことです。つまり、表にある、それぞれの「その部分の税率」を指します。

法人税の場合は、次のとおりです。

〔法人税の場合〕[*33]
基本的な税率：23・2%（ただし、**軽減された税率：19%**などもあります）

税率は、種類が多いですよね。

でも、まずはいま話題になっている「累進税率」と「比例税率」が重要なので、ここから押さえていけばよいです（このあと、さらに地方税の税率も説明します）。

パーセントタイプの税率
- 累進税率：課税の対象（その数値）が増えると、税率も上がる。
  （例）所得税、相続税、贈与税
- 比例税率：課税の対象（その数値）が増えても、税率は変わらず。
  （例）法人税、消費税

ここで、さらに「基本的な税率」と「軽減された税率」という言葉が登場しましたので、この２つについても説明をしておきましょう。

比例税率を採用している税金でも、特定の条件を満たしたものについて、その税率よりも低い税率を用意している場合があります。こうした場合に、本書では、もとになる通常の税率を「基本的な税率」と呼び、その税率よりも低いものを「軽減された税率」と呼びます。専門的

＊33　法人税法66条に税率が記載されています。資本金などの額が1億円以下の場合は課税の対象となる所得の金額のうち８００万円以下の部分は19％にするなど、税率を特定の条件を満たす場合に軽減する措置もあります。

には、前者は「**基本税率**」といわれ、後者は「**軽減税率**」といわれます。

消費税について、テイクアウトをする場合の飲食などについて、「基本的な税率」（10％）ではない「軽減された税率」（8％）があることは、身近になんとなく知っているのではないかと思います。これは「軽減税率」と一般にも呼ばれていますね。

このように、さまざまな種類のある「税率」ですが、地方税の場合にはさらにいくつかの「税率」があります。

1つは、地方税法という中央政府（国会）が決めたルールとしての税率を、地方自治体がいじること（変えること）ができないものです。定められた率を条例で変えることができないので、「**必須の税率**」と本書では呼びます（専門的には、「**一定税率**」といわれています）。

逆に、地方自治体が条例でどういう税率にするかを、そもそも自由に決められるものもあります。これを本書では「**任意の税率**」と呼びます（専門的には、「**任意税率**」といわれています）。

地方税でポピュラーなのは、こうしたものではありません。中央政府のルールである地方税法という法律で、通常よるべき「**標準的な税率**」が決められています（財政上その他の必要がある場合は別）。こうした「標準」（基準）を超える場合の可能な最大値を、地方税法が「**上限としての税率**」として定める場合もあります。その範囲内であれば、自治体ごとに条例で税率を変えることができます。

専門的には、「標準的な税率」は**標準税率**といわれているもので、この「上限としての税率」

は**制限税率**といわれています。

こうした税金を計算するための視点は、必ず法律で「ルール化」されていることが必要であると考えられています。これを「**租税法律主義**」といいます。租税法律主義は、日本国憲法に明確に記載されています。

専門書ではありませんが、税金のルールを考えるうえでは大事なことなので、憲法の条文を挙げておきましょう。日本国憲法84条には、次のように書かれています。

> **第八十四条　あらたに租税を課し、又は現行の租税を変更するには、法律又は法律の定める条件によることを必要とする。**

「**租税**」とは専門用語ですが、要するに「税金」のことです。その性質については、あとで解説をします（第1章4参照）。

自動的に理屈で決められてしまうといいましたが、そんな**税金も「法律」というルールブックで明確に決めなければ、発生することはない**のです。

このことは、わたしたちが小学生のころから習う「**納税の義務**」を記載した憲法の条文をみても、明らかといえます。

第三十条　国民は、法律の定めるところにより、納税の義務を負ふ。

これまでは、税金を支払うこと、つまり「納税」をすること（税金を納めること。つまり、税金を支払うこと）は、憲法に書かれた「国民の義務」であると覚えていたかもしれません。ですが、税金を支払う義務である「納税の義務」は、あくまでも「法律の定め」による場合にのみ、発生するのです。

国の唯一の立法機関とされる「**国会**」でつくった「**法律**」のルールによることが必要になるのは、国会で法律をつくるメンバー（構成員）が、わたしたち「**主権者**」である国民が選挙で選んだ国会議員だからです。

自分たちの国のことは、自分で決める。これが民主主義であり、国民に主権がある「国民主権」の内容です。税金という重要な問題についても、わたしたち国民の「代表者」が話し合って決めることが必要なのです。

このような「租税法律主義」があるのは、歴史的には、他国ですが、１２１５年のイギリスの「**マグナ・カルタ**」に起源があるといわれています。

18世紀後半にあった、アメリカの独立戦争。そこで掲げられたスローガンに、「**代表なくして、**

課税なし」という標語がありました。ここにも、この考え方があらわれています。

国王や権力者から「国民が負担する税金」のルールを決める権限を奪い、国民の代表者に決めさせることが、その大きな意味です。それだけ、選挙は大事だということになりますね。

日本でも、明治時代の1889（明治22）年につくられた**大日本帝国憲法（明治憲法）**のときから、この租税法律主義の考え方が採用されていました。次の条文です。

第六十二条　新《あらた》ニ租税《そぜい》ヲ《を》課《か》シ及《および》税率ヲ変更スルハ法律ヲ以《もっ》テ之《これ》ヲ定《さだ》ムヘ《べ》シ

ただし、日本ではこうした考え方を、国民が勝ち取ったという歴史があるわけではありません。こうして「納税の義務」という部分のみが強調され、広く浸透してしまっているのが現状のように思われます。

こうした租税法律主義は、地方自治体の税金である「地方税」の場合も、基本的には同じなので「地方税法」という法律のルールがあります。

もっとも、地方税については、自治体ごとの地域の実情に合わせて、自治体が具体的な税率を決めたり、独自の税金をつくったりすることも、地方税法で認められています。

そのため、どの自治体でも必ずとらなければいけない必須の税金があります。その基本的なルールは「地方税法」に記載されているのですが、これらを守るのは自治体側ということになります。

そして、地方自治体は、地方税法というルールブックに基づいて、その地域での具体的な税金については、地方議会で決めた「税条例」で詳細を決めることになります。

これが「**地方税条例主義**」になります。

各自治体の税条例については、インターネットで検索すると、その条文をみることができます。住んでいる地域や、興味のある自治体の「税条例」を検索してみてください。

たとえば、「東京都都税条例」であるとか、「神戸市市税《しぜい》条例」といったものがあります。

わたしの生まれ育った横浜市にも「税条例」があります（母方の祖父は、横浜市役所で働いていました。もう数十年以上前のことですが）。その冒頭部分を引用してみましょう。

横浜市市税条例

市会の議決《ぎけつ》を経《へ》て、横浜市市税条例を次のように定める。

目次

第1章　総則《そうそく》（第1条―第20条）

第2章　普通税

第1節　市民税（第21条―第40条の10）

第2節　固定資産税《こていしさんぜい》（第41条―第70条）
第3節　軽《けい》自動車税（第71条―第81条の2）
第4節　市たばこ税（第81条の3―第92条）
第5節　削除
第6節　特別土地保有税（第104条の2―第120条）
第3章　目的税
第1節　入湯税《にゅうとう》（第121条―第128条）
第2節　事業所税（第129条―第129条の13）
第3節　都市計画税（第130条―第135条）

税金の種類についての詳細は、第3章で1つひとつ解説することになりますが、地方税の主要なものが、この「横浜市市税《しぜい》条例」の目次をみるとわかります。

詳細はあとで解説しますが、第2章にある「**普通税**」とは、どんなことに税金を使うかが決められていないものです。第3章にある「**目的税**」とは、どんなことに税金を使うかが決められているものを指します（第2章5参照）。

このように国税であれ、地方税であれ、さまざまな税金については、すべてこの節で述べた「税金の計算」の考え方に基づき、法律や条令に「ルール」が書かれています。

ここでもう一度、税金の計算について「共通した考え方」をまとめておきましょう。

① 対象と人を決める（対象と人の決定）
そして次に、
② 対象を数値化して税率をかける（税率をかけるための数値化）

専門的には、「対象」のことを「**課税の対象**」「**課税客体**」、あるいは「**課税物件**《ぶっけん》」と呼んでいます。ひとことでいえば、「**物**《もの》」のことであるともいえます。
そして、こうした「物」とワンセットといえる「**人**《ひと》」のことは、「**納税義務者**」と呼びます。納税の義務を負う者（人）という意味ですね。

つまり、まずは、①「**物**」と、②「**人**」です。

さらに、「数値化されたもの」ですが、これはすでに述べたように「課税標準」と呼ばれています。これは、ひとことでいえば、③「**数値化**」です。
こうして最後に、④「**税率**」がありました。

税金の計算は、このようにとらえれば、「**物**」「**人**」「**数値化**」「**税率**」の4点セットということになります。読者のみなさんが第3章から第5章でみることになる、さまざまな税金も、この4つを意識できるようになると、とらえやすくなります。

「もの、ひと、すうちか、ぜいりつ」。

もうこれは、ちょっと強引にでもよいので、覚えてしまうとよいと思います。そうです。**「もの、ひと、すうちか、ぜいりつ！」**と、何度も唱えてみてください。

税金の計算の要素が、「①**物**、②**人**、③**数値化**、④**税率**」であるということは、税金はこの「もの、ひと、すうちか、ぜいりつ」で成り立っているということです。

ですが、本書は、税金のごく基本を知るための本なので、こうした専門的な言葉は使わないようにして、このあとも進めていきます。ただし、こうした専門的な言葉は、実際にインターネットや専門書などを調べて読むときには、役立つと思うので、必要なときには参考にしていただければと思います。

TAX 3

税金と「似ているけれど違うもの」とは？

わたしは、私立大学の法学部で教員の仕事をしています。学生に講義をするときに、どの授業でも必ずいっていることがあります。

それは「**『似ているけれど違うもの』**を意識しなさい」、ということです。法学部の授業では、専門的な用語や概念、制度がたくさん出てきます。

教室の席に座っているだけだと、これらの言葉のシャワーを浴びることになり、ちんぷんかんぷんになってしまいがちです。

しかし、「似ているけれど違うもの」が意識できるようになると、ただの言葉の羅列に思えたものが、違うものとして活き活きとしてきます。

それはひとことでいえば、「**興味をもつ**」ということです。人の名前を覚えるときも、好きなプロスポーツのチームがあれば、所属チームや背番号はもちろん、きっと応援しているチームではないチームの選手の名前さえも覚えることでしょう。それは興味があるからです。学校で習うことも含めて「学ぶこと」の対象も、じつは興味をもてば、全然違った意識が芽生えます。とはいえ、そこまで強い興味をもてない。でも学ばなければならない。そういうことが多いかもしれませんし、現実にはそういうことが多いでしょう。

こういうときこそ、「似ているけれど違うもの」に意識を向けて、それぞれの違いを明確にしていくことが重要です。

ということで、税金に話を戻しましょう。

では、税金と「似ているけれど違うもの」には、どのようなものがあるでしょうか？

税金と似たものには、**社会保険料**があります。

会社で働くようになると、毎月もらう給料の中から会社から先に**天引《てんび》き**されており、実際には稼いだはずなのに、もらうことができない負担（**控除《こうじょ》**）がさまざまあります。

逆にいえば、会社が従業員に代わって、従業員が負担すべきものを支払っていることになります。その典型例が、これまでお話ししてきた本書のテーマである「税金」でした。

そうすると、同じように会社員の例で考えると、会社に天引きされてしまっている負担はなにかという発想で考えてみると、社会保険料があるわけです。これは働いている人には、次の具体例を挙げると、「ああ、あれか」とわかるでしょう。

まだ社会人にはなっていない学生にとっては、ピンと来ないと思いますが、社会保険料には、次のようなものなどがあります。

① 厚生年金保険料
② 雇用保険料
③ 健康保険料

これらは給与明細書をよくみると、給料から差し引かれたものとして目にすることができるものです。もちろん、まずは所得税、住民税という「税金」があります。それ以外にも、先ほどの①厚生年金保険料、②雇用保険料、③健康保険料などの「社会保険料」が、そこには記載されています。40歳になると、④**介護保険料**も払います。

これらは、いずれも国民がいざとなったときに国から受けられる社会保障の給付としてのサービスのために、国民が負担している保険料の支払いになります。

あなたが高齢者であれば、あるいは高齢者になれば、年金を国からもらって生活の支援を受けることができます。会社を辞めて失業したときには、一定期間にわたって生活にあてるためのお金をもらうことができます。

病気やケガをして病院にかかるときには、実際に病院に支払うべき医療費（診療にかかった費用）や、お医者さんに処方してもらって薬局で購入する医薬品（薬）代の支払いが必要になります。しかし実際に、処方薬を含む医療費については、健康保険の制度があるため、３割（30％）のみをわたしたちは支払っています（年齢などにより割合は異なります）。残りの７割（70％）はというと、病院や薬局にわたしたちが負担した健康保険料を財源に、健康保険組合から支払いがなされているのです。

このように考えると、社会保険料の場合は、なんのために負担しているのかが明確になるという特徴があると思います。

税金の場合は「払わなければならないもの」という固定観念が起きがちだと序章で述べました。それは払った税金がどのようなものに使われているかがわかりにくいからでしょう。そして、実際に直接的に自分に利益が起きる場面も想像しにくいからでしょう。

税金も社会保険料も、払わなければならないものであり、それが法律のルールで決まっているものである点は変わりません。これは「似ている」ところですね。

そうすると、「違い」はなにかといえば、その使い道が明確であるかどうか、ということになるでしょう。社会保険料の場合、それぞれの保険料は、先ほどみたように、年金、失業手当、医療費の減額というように、それぞれの社会保障の給付のための財源にあてられることになります。

これに対して、税金の場合は、通常はその使い道が決まっているわけではありません。少しむずかしい言葉を使うと、「税金は、使途《しと》が決まっているわけではない」といわれます。

もちろん、税金のなかにも、なんらかの決まりがあるものもあります。たとえば、消費税は、社会保障のための費用にあてることが、現在は法律のルールで決められています。ほかにも、地方自治体に支払う地方税にも、その使い道や、特定の財源にあてることが法律や条例のルールで決められているものもあります。

使い道があらかじめ決められている税金は「**目的税**」というのですが、税金の多くは通常その使い道までは決められていない「**普通税**」であるのが一般的です（第2章5参照）。

このように「違い」もありますが、実際に支払わなければならないものとして、わたしたちが法律のルールに従って負担することになる点では「似ている」ことがわかりました。

これらの「税金」と「社会保険料」は合わせて「国民負担」と呼ぶことがあります。

そして、その割合を専門的には、「**国民負担率**」といいます。

統計データにおいても、日本の国民負担率がどれぐらいであるのか、諸外国の国民負担率がどれぐらいであるのか、ということが、比較検討の対象になっています。

日本の国民負担率は、次のとおりです。

財務省のホームページをみると、２０２４（令和６）年2月9日付の公表で「令和６年度の国民負担率を公表します」というタイトルの記事があります。

これを読むと、「租税負担率と社会保障負担率を合計した国民負担率について、令和６年度の見通しを推計しましたので、公表します」という文章があります。

そして次のように、３年分の最新の国民負担率が記載されています。

・２０２４（令和６）年度　45・1％（見通し）
・２０２３（令和５）年度　46・1％（実績見込み）
・２０２２（令和４）年度　48・4％（実績）

出典：財務省ＨＰ「令和6年度の国民負担率を公表します」参照

50％近い負担を国民がしているとは、「けっこうな負担をしているのだな」と思われたかもしれません。財務省ホームページには、続けて、「国民負担に財政赤字を加えた潜在的な国民負担率は、50・9％となる見通しです」という記述もあります。

税金と社会保険料の負担を合わせた「国民負担」は明確な支払いをともなう負担ですが、国の1年の収入は税金だけでまかなわれているものではありませんでした（57頁の図表参照）。

それは「国債」といって、国が借金をしているからです。こうした借金をして将来返さなけ

■国民負担率の推移（対国民所得比）

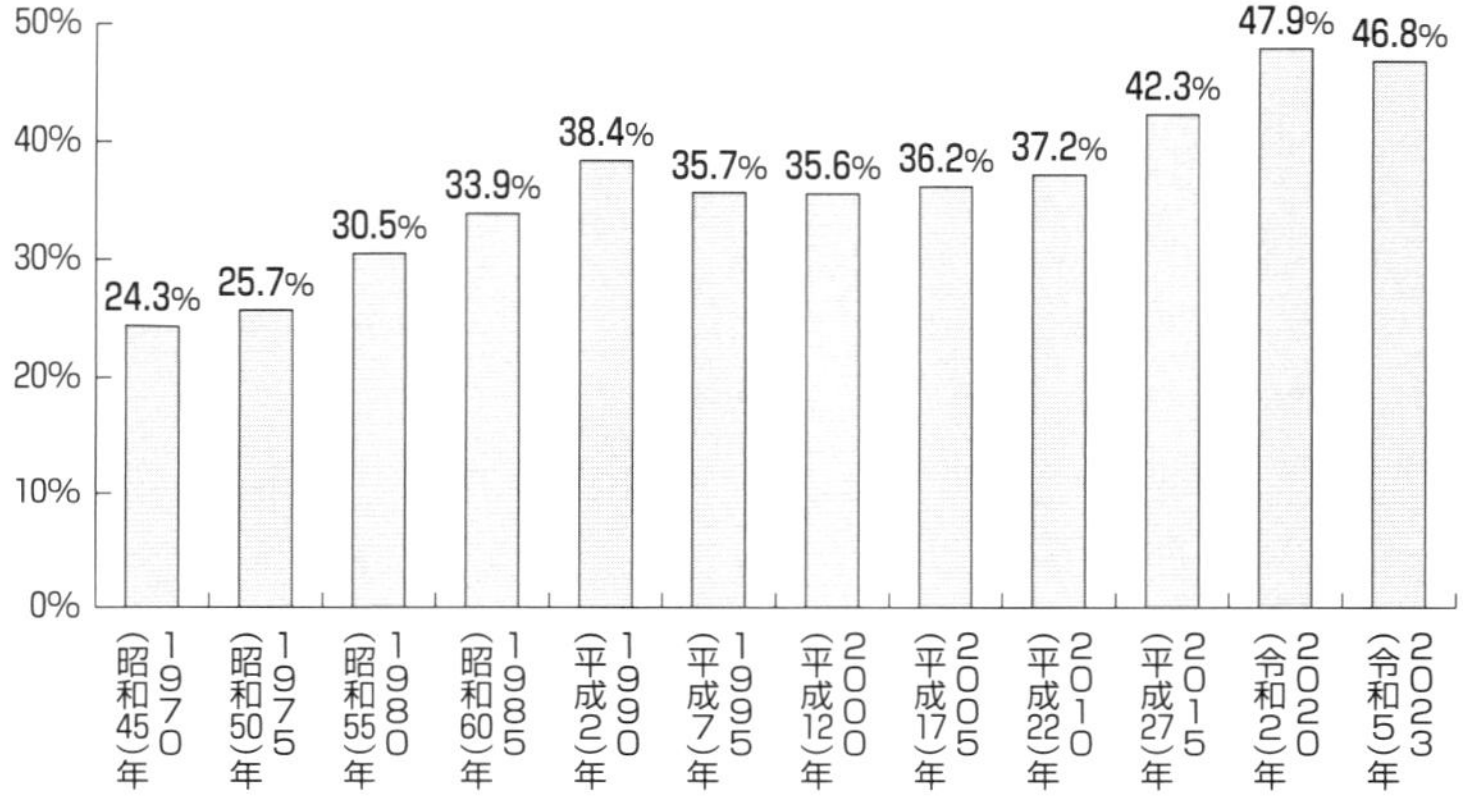

出典：財務省ＨＰ「国民負担率（対国民所得比）の推移」をもとに作成

ればならない部分の「収入」は、返す必要がない税金と違って、国の財政にとっては「赤字」部分になります。

この赤字部分としての負担も潜在的にはあるとしてかけ合わせたものが、この数値になります。

国民負担率について、財務省のホームページには詳細なデータを示した資料も掲載されています。これによれば、国民負担は「国税」と「地方税」と「社会保障負担」を合計して計算されています。

そして、その推移をみると、上のグラフのように、年々上昇していることもわかります。

では、諸外国ではどうなのでしょうか。これも財務省ホームページに、続けてデータがあります。次頁上のグラフを参照してください。

■国民負担率の国際比較（対国民所得比）

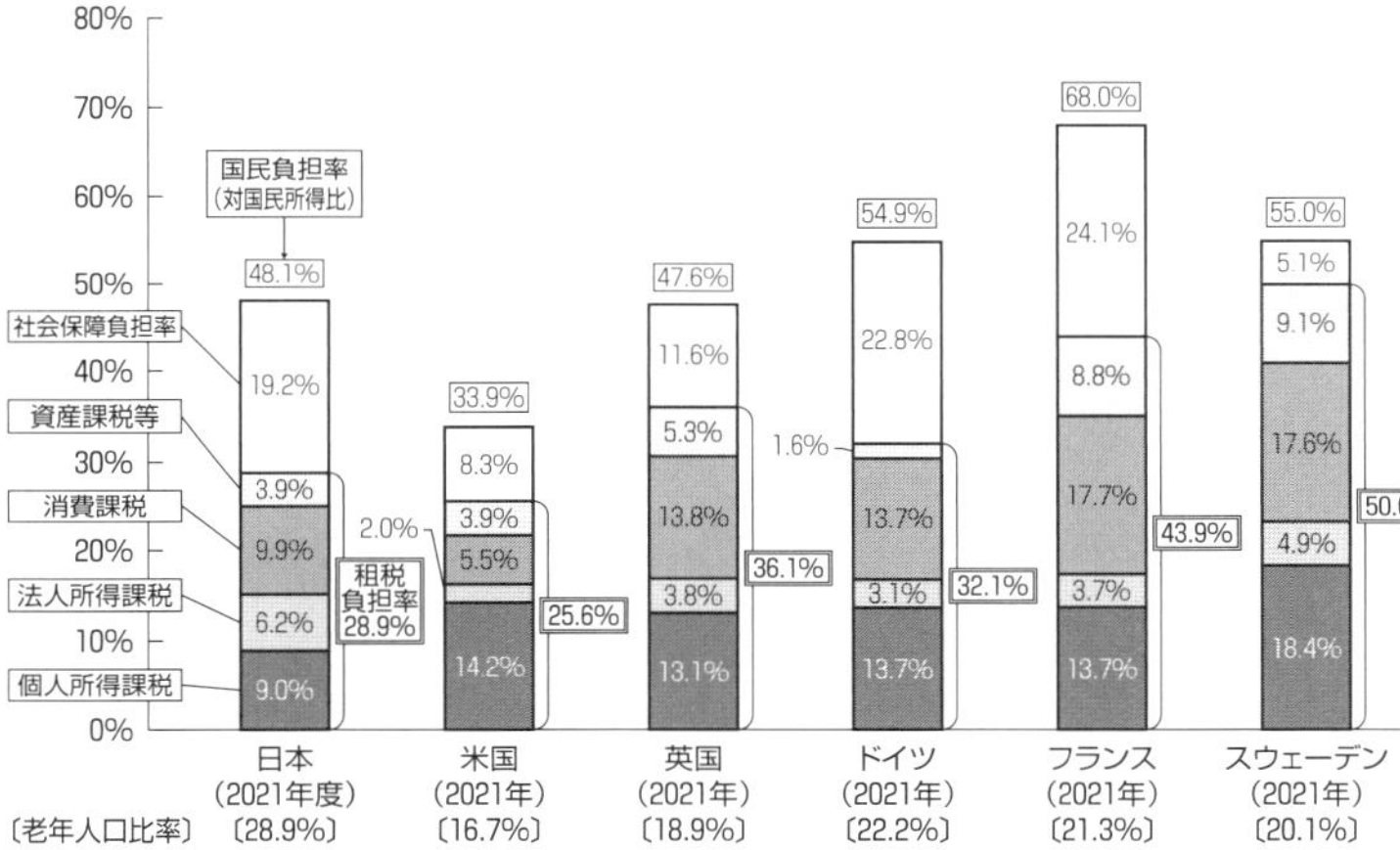

出典：総務省ＨＰ「諸外国における国民負担率（対国民所得比）の内訳の比較」

■国民負担率の国際比較（OECD加盟36カ国）

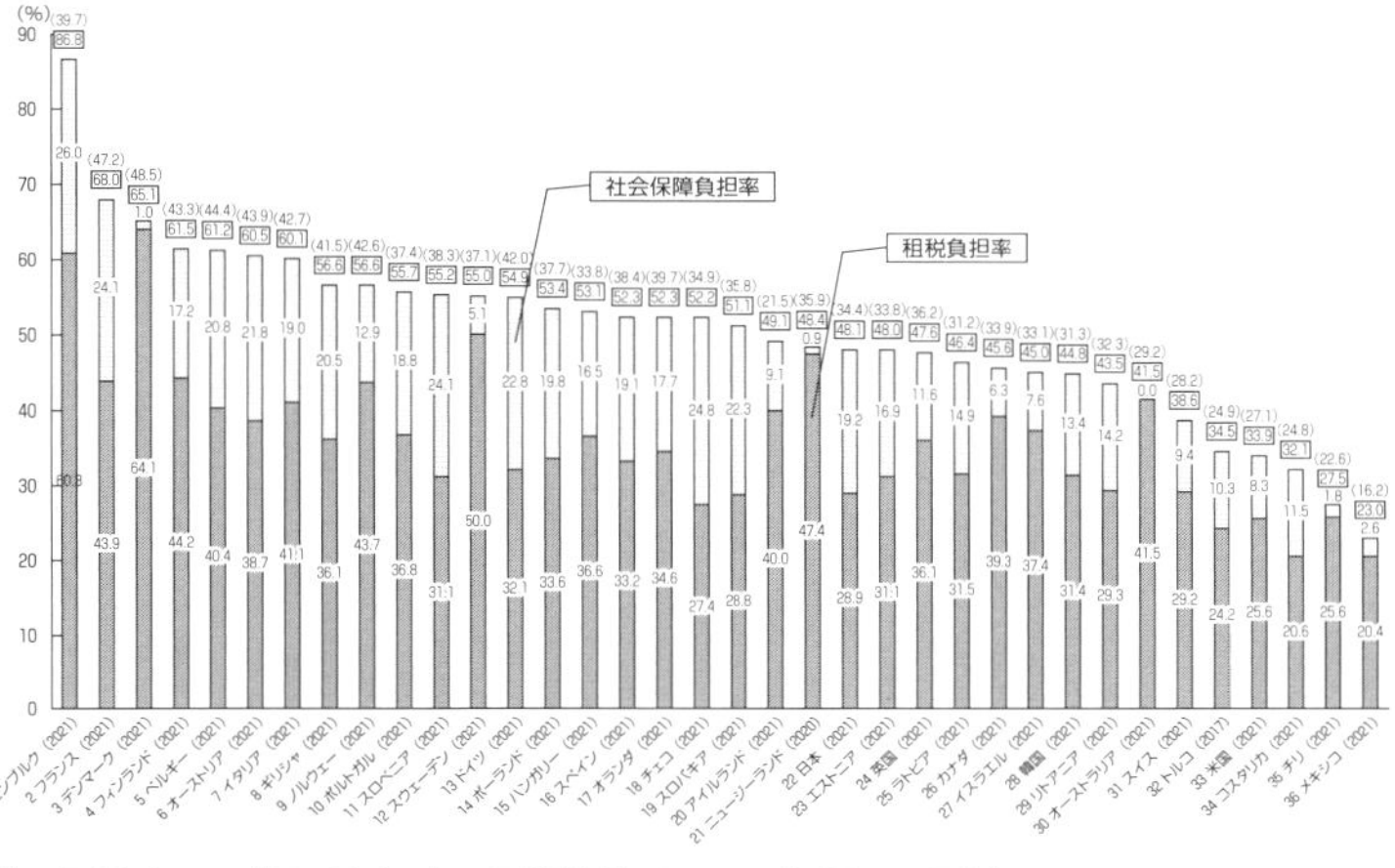

出典：財務省ＨＰ「国民負担率の国際比較（OECD加盟36カ国）」

このグラフによると、68・0%もあるフランスよりはまだ低く、一方でいまでも33・9%しかないアメリカよりは高い国民負担がある。これが日本の現状であることがわかります。もっとも前頁下のOECD加盟36カ国のデータによれば、ルクセンブルクのような86・8%にも上る負担率のある国も存在します。

このように諸外国との比較をすることで、客観的にみて日本の負担率は高いのか低いのかがわかります。

といっても、それぞれの国ごとに社会のあり方や文化や歴史も違えば、社会基盤となっている法制度にも違うところがあります。それぞれの国ごとに、抱える問題にも違いがあります。

単純比較をしてよいかの議論をすることは、むずかしいのです。ただし、少子高齢化が加速する日本のなかでみたときに、国民負担率が上がり続けていることは、厳然《げんぜん》とした事実です。

TAX 4

外国の税金との関係

これまで解説してきたのは、日本の税金です。本書はもちろん「日本の税金」を対象にしています。

とはいえ、日本に住所をもつわたしたちでも、海外で働いたりするなどして外国でお金を稼ぐこともあるでしょう。

その場合、外国で稼いだ所得も合わせて「所得」として計算され、日本の所得税が発生することになります（生活の拠点としての住所が日本にある人の場合です）。

しかし、この場合、その外国でも、稼いだお金にかかる税金を支払うはずです。そうすると、そのまま外国で稼いだものも「所得」に加えて日本の所得税を計算すると、1つの所得に対して、日本でも外国でも税金をとられることになってしまいます。

こうした外国と日本で二重に税金がとられること、つまり国際的な二重の課税がされることがないよう調整する仕組みがあります。所得税を計算する際に、外国で支払った税金を差し引くものです。これを専門的には「**外国税額控除**」といいます。

これは所得税だけでなく、法人税にもあります。

話を変えましょう。日本の企業が海外に子会社を設立し、国際的に事業を展開していくのは、現在ではごく普通のことになっています。

しかし、企業が得た所得に発生する法人税の税率は、国によって違います。

日本の法人税の税率は、現在23・2％です。しかし、国や地域によっては**タックス・ヘイブン（軽課税国《けいかぜいこく》）**といって、税金が０％でかからないところや、税率が日本に比べて極めて低くなっているところもあるのです。

このような「軽課税の国」に、ペーパーカンパニーといって手続きをするだけで、いわば書類上の会社をつくってしまいます。それでたくさんの所得を得ながら、その国や地域では制度上、税金を払わなくてもよいか、極めて低い税率の税金で済んでしまう。

こうした「**租税回避**」と呼ばれる事業活動を、日本の企業が行うことがあります。こうした租税回避が行われてしまうと、税金が発生するはずの所得に日本で税金をかけることができないまま、放置されてしまうことになります。

そこで、外国の子会社の所得を日本の親会社の所得に合算して、日本の法人税を計算する制度があります。１９７８（昭和53）年につくられた制度で[*34]、これを「**外国子会社合算税制**」といいます。別名では「**タックス・ヘイブン対策税制**」とも呼ばれています。

タックス・ヘイブン対策税制が適用されるのは、設立された外国の子会社の国または地域の法人税の税率がいくらであるかが関係してきます。

このような条件を満たすかどうかを検討する際に、日本の税金の仕組みではあり得ない、自分で税率を選択できる仕組みのある場所に会社を設立した例がありました。

それはチャネル諸島なのですが、このような選択ができる外国の税金を、日本の法律のルールで考える「税金」と同じ性質をもつといえるかが、裁判で争われました。

最高裁判所は、次のように、自分で税率の選択ができるようなものであっても、その国のルールによって定められて徴収されるものである以上、「税金」にはあたると述べました。[*35]

「確かに、……本件子会社にはその税率等について広い選択の余地があったということができる。しかし、選択の結果課された本件外国税は、ガーンジーがその課税権に基づき法令の定める一定の要件に該当するすべての者に課した金銭給付であるとの性格を有することを否定することはできない。また、……本件外国税が、特別の給付に対する反対給付として課されたものでないことは明らかである。」

＊34　タックス・ヘイブン対策税制は、1962年にアメリカでつくられたものです。その後、1972年に西ドイツ、1980年にフランス、1984年にイギリスでも導入され、制度の導入が広がっていきました。詳細は、橋本秀法「我が国タックス・ヘイブン税制と租税条約の関係」税大論叢54号（2007年）98頁参照。

専門的な用語である「租税」という言葉が「税金」と同じであることは、前にも説明したとおりです。

税金とはなにかについては、序章6でも述べましたが、次の3つの性質をもつものです。

① 国や自治体の収入になり、国民に対する行政サービスの提供にあてられること

② それでも、個別的な対価として支払うわけではないこと

③ 個別の契約をしなくても、法律のルールの条件を満たす限り、自動的に税額が決まり、強制的にとられてしまうこと

①は**公益性**、②は**非対価性**、③は**権力性**と、専門的には呼ばれています。税金には、こうした3つの性質があるのです。

税金の性質
- **① 公益性**
- **② 非対価性**
- **③ 権力性**

チャネル諸島ガーンジーで日本の子会社が支払った税金は、税率の選択ができたとしても、こうした要素を満たさないわけではない、ということです。

このように日本の税金のルールを定めた法律には、外国の税金が登場することもあります。そのような場合は、そもそもこれが税金といえるのか、外国の税金といえるのか、ということが裁判で争われることすらあります。

しかし、国により制度はさまざまです。税金としての性質がどこまでをいうのかについては、議論をし始めると、答えの出にくい問題に行きつく可能性があります。

こうした問題について、最高裁判所は、その国の法律というルールに基づいてつくられた点を重視して、外国の税金であることを認めたのです（その後、法改正がされました）。

＊35　最判平成21年12月3日民集63巻10号2283頁。判決によれば、チャネル諸島ガーンジーの制度は、次のようなものでした。ガーンジー金融当局は、保険業者にとって有利かつ柔軟な税制構造を有しており、①標準税率課税を受けるか、②免税若しくは段階税率課税を選択するか、③国際課税資格の申請をして0％超30％以下の範囲で適用税率について税務当局と交渉することができると説明していました。パンフレットには、「国際課税資格の申請に先立って、国際課税資格を取得しようとする法人の事業計画が税務当局担当者との間で議論され、又は担当者に書面で通知される。これにより適用税率の設定が可能となる。申請者と税務当局との間で仮に合意された諸条件は、正式な国際課税資格の取得申請における税務当局の承認を必要とする」という記述がありました。ガーンジー税務当局は、法人所得に対する税金について、「国際課税法人が所得税を納付する際の税率は、合意によって決めることができる」と説明していました。

TAX 5

税金の額を決める方法

税金を支払うためには、その税金の額（税額）が決まっている必要があります。税金の額を決めることを、専門的には「**税額が確定する**」と表現します。

税金を支払うための方法は、どのように税額が決まるのかに対応して、3つあります。

1つは、**申告納税方式**です。2つめが、**賦《ふ》課《か》課税《かぜい》方式**。3つめが、**自動確定方式**です。

もっとも、これらは専門的な用語なので、本書ではそれぞれもう少しかみくだいて、

支払う税金の額を決める方法

- ① **「確定申告による方法」（＝申告納税方式）**
- ② **「税務署などが賦《ふ》課《か》する方法」（＝賦課課税方式）**
- ③ **「自動で確定する方法」（＝自動確定方式）**

と、それぞれを呼ぶことにしましょう。

順に説明しましょう。

まず、①「**確定申告による方法**」（申告納税方式。地方税では**申告納付**）です。「確定申告による方法」は、法律のルールで定められた期限内に、自分で税金を計算した書類を税務署に提出することで、税金を決める制度です。わかりやすくいえば、自分の支払う税金の額は、自分で計算して決める。こういう仕組みです。

「確定申告による方法」は、日本の国の税収の三本柱である、⑴消費税でも、⑵所得税でも、⑶法人税でも、さらには⑷相続税でも、⑸贈与税でも採用されています。

自分で税金の額を決めるために、「**確定申告書**」を作成することが必要になります。ここにいう「確定」とは、自分の税金の額を決める、という意味です。

所得税の場合であれば、1年で得た所得を、次の年の2月16日から3月15日までに[*36]、税務署に確定申告書を提出することが、原則として必要になります。

所得のある個人は、自分の所得税の額を申告書のなかで計算し、そこで導き出された額を税務署に支払うことになります。

次に、②「**税務署などが賦課《ふか》する方法**」（賦課課税方式。地方税では**普通徴収**）です。「税務署などが賦課する方法」は、日本では戦前に採用されていました。現在は申告納税方式

＊36　確定申告をする期限が土日にあたる年の場合は、その次に最初にくる平日が期限になります。

になっている所得税、法人税、消費税、相続税、贈与税、いずれも1947（昭和22）年に申告納税方式が採用されるようになる前は、「税務署などが賦課する方法」でした。

アメリカの制度にならって、第二次世界大戦後、アメリカのカール・シャウプ博士が行った**「シャウプ勧告」**に基づいて導入されたのが、「確定申告による方法」でした。

これと異なる「税務署などが賦課する方法」は、1人ひとりの税金の額について税務署がすべて決めていくというものです。それは想像するだけでも、大変な作業が必要になるでしょう。

しかし、日本の税務署職員の数は、約5万5000人です。[*37] これに対して、日本の人口が1億2400万人もいるわけです。

もちろん、人口の数には、働いているわけではない子どもや高齢者や専業主婦も含まれています。1億2400万人のだれもが、お金を稼いでいるわけではありません。とはいえ、序章でみたように、事業所得者の数は164万人、会社を中心とした法人の数は291万4253社もあるわけです（序章2参照）。

これらに限りある税務署の人員を効率的に割り当てていくことを考えると、「税務署などが賦課する方法」は、およそ一般的に導入することはむずかしいことがわかると思います。

そういうこともあり、戦前の「税務署などが賦課する方法」の時代も、所得調査委員会という組織が各地域にあり、これらの委員会で所得を調査して計算したものを税務署に提出する下支えがありました。

こうして現在では、「確定申告による方法」を主要な国税では採用しており、法律のルールと異なる税金の計算をした納税者については、通常5年以内であれば、税務署がその額を正すことができる税務調査によって正していく仕組みがセットで導入されています。

現在の日本の税金では、「税務署などが賦課する方法」は、基本的には採用されていません。ただし、例外的に、一部で採用されているものもあります。

たとえば、実際よりも少ない税金を申告していた、あるいは確定申告すらしていなかった、そういう人に対して税務署が追徴課税をするときは、ペナルティとしての税金も発生することになります。こうして発生する「**加算税**」は、税務署が追徴課税をするときに決めることになるので、「税務署などが賦課する方法」が採用されています（第2章6参照）。

ペナルティとしての税金を、そもそも申告するということはありませんから、これが「税務署などが賦課する方法」になっているのは、仕方がありません。

最後に、③「**自動で確定する方法**」（自動確定方式）です。

「自動で確定する方法」は、「確定申告による方法」とも、「税務署などが賦課する方法」とも

＊37　**国税庁の常勤職員の数**は、5万4632人です（内閣官房「一般職国家公務員在職状況統計表（令和5年7月1日現在）概要」参照）。

異なる仕組みです。自分で確定申告書を提出して、税金の額を決めるものでもなければ、税務署が税金の額をもっぱら決めるものでもないのです。

どういうことかというと、法律のルールが定める一定の行為や事実が発生すれば、なんの手続きもなしに、自動的に税金が発生し、税金の額も決まるという仕組みです。

たとえば、**源泉所得税**がこれにあたります。また、追徴課税をされる場合に、本来支払うべき期限に遅れてしまった。こういうときに、いわば延滞料のようなものとして発生する「**延滞税**」も、これにあたります（第２章６参照）。

源泉所得税の場合は、法律のルールが定めるなんらかのお金の支払いがあったときに発生し、法律の定めるルールに則り、税金の額も自動的に決まります。

延滞税の場合も、同じです。法律の定める期限を超えてしまった人には、いわば延滞料として法律のルールに基づいて計算された延滞税が発生します。この延滞税では、なんの手続きをすることもなく、その額も自動的に決まってしまうことになります。

「自動で確定する方法」が使われている税金は、ほかにも、**印紙税**、**登録免許税**などがあります。これらの税金は、取引が日常的に多くなされているもので、そのたびごとに税金を発生させて額まで決めてしまうわけです。この点で、「自動で確定する方法」は、税金を支払うための手続きが簡単になっているという特色があります。

TAX 6 毎年行われる税制改正

日本の税金は、毎年そのルール自体も変わっています。法律の改正がされているからです。

序章で**税制調査会**のことを少し述べましたが（序章5参照）、毎年12月になると政府（与党）が「**税制改正大綱**《たいこう》」というものを公表します。このなかで、どのような税金について、どのような改正をする予定なのかといった、その大枠《おおわく》の方針が示されます。

たとえば、２０２３（令和５）年12月14日には、自民党から「２０２４（令和６）年度」の「税制改正大綱」が公表されました。自民党のホームページなどにアクセスすれば、だれでも読むことができるものなのですが[*38]、毎年の改正事項は大変多いため、ものすごい分量です（たとえば、２０２４〔令和６〕年度の税制改正大綱は、１２１頁もあります）。

この税制改正大綱で示された方針について、内閣のメンバー（総理大臣と国務大臣）で閣議《かくぎ》

＊38　自由民主党＝公明党「令和6年度税制改正大綱」（２０２３〔令和５〕年12月14日）。「令和6年度税制改正の大綱」（２０２３〔令和５〕年12月22日）閣議決定。

決定をします。これに基づき、財務省が作成した法案が、[39]翌年の1月以降に通常国会に提出されます。そして国会での審議を経て、3月末までに、税金のルールを定めたさまざまな法律の改正がなされます。

多くの改正は4月1日から適用されることになりますが、大きな変動をともなう改正の場合は、実際に新しいルールが適用される年を、数年後に設定する場合もあります。

税金が毎年改正されるのは、社会経済に与えるインパクトが税金の力としてあり、そのような税金をどのようにルール化していくかということが、国を動かす政治の役割となっており、政府にとって重要な事項になっているからです。

税制改正の流れについては、財務省ホームページに詳しい説明があるので、以下に引用しておきます。少し長めになりますが、読んでみましょう。

「税制改正は、租税法律主義の下、立法の手続をとることを要し、以下の手順で進められます。まずは、経済社会の変化等を踏まえて、その時々の課題を中心に議論が進められます。具体的には、政府税制調査会が中長期的視点から税制のあり方を検討する一方、毎年度の具体的な税制改正事項は与党税制調査会が税制改正要望等を審議し、その後取りまとめられる与党税制改正大綱を踏まえて、『税制改正の大綱』が閣議に提出されます。

そして、閣議決定された『税制改正の大綱』に沿って、国税の改正法案については**財務省**が、[*40]地方税の改正法案については**総務省**が作成し[*41]、国会に提出されます。

国会では、衆議院と参議院のうち、まず先に改正法案が提出された議院において、財務金融委員会（衆議院）若しくは財政金融委員会（参議院）又は総務委員会での審議を経て、本会議

＊39　地方税の改正の場合は、総務省が法案を作成します。

＊40　財務省設置法4条1項で、**財務省**は、「租税（略）に関する制度（略）の企画及び立案……に関すること」（16号）や「関税、とん税及び特別とん税並びに税関行政に関する制度（略）の企画及び立案に関すること」（24号）の事務をつかさどるものとされています。実際には、財務省の主税局が法案作成を担当しています。

主税局は、①「租税（略）に関する制度（略）の企画及び立案に関すること」、②「租税の収入の見積り及び決算の調査に関すること」、③「税理士に関する制度の企画及び立案に関すること」、④「酒税の保全に関する制度の企画及び立案に関すること」、⑤「国の財務の統括の立場から地方公共団体の歳入に関する事務を行うこと（略）」の事務をつかさどるものとされています（財務省組織令5条）。

＊41　総務省設置法4条1項53号で、**総務省**は、「地方税、森林環境税及び特別法人事業税に関する制度の企画及び立案に関すること」の事務をつかさどるものとされています。実際には、総務省の自治税務局が法案作成を担当しています。

自治税務局は、「地方税、森林環境税及び特別法人事業税に関する制度の企画及び立案に関すること」や、「法定外普通税及び法定外目的税の新設又は変更に係る協議及び同意に関すること」などの事務をつかさどるものとされています（総務省組織令9条4号、5号）。

に付されます。可決されると、もう一方の議院に送付され、そこでも同様のプロセスによって可決されると改正法案は成立し、改正法に定められた日から施行されることになります」

（財務省ＨＰ「税制改正のプロセスについて教えてください。」）

こうした「税金の制度」としての税制をどのように構築していくべきかについては、「税制改革法」という法律に、次の３つに留意してつくっていくべきことが示されています。いわゆる「**税金の３要素**」と呼ばれるものです。次の条文を読んでみましょう。

（今次の税制改革の基本理念）

第三条　今次の税制改革は、租税は国民が社会共通の費用を広く公平に分かち合うためのものであるという基本的認識の下に、税負担の公平を確保し、税制の経済に対する中立性を保持し、及び税制の簡素化を図ることを基本原則として行われるものとする。

この条文には、傍線部分にあるように、①「**公平**」であるべきこと、②「**中立**」であるべきこと、③「**簡素**」であるべきことが、税制の基本原則として記載されています。

この３つが、「税金の３要素」です。

税金の３要素

①　公平
②　中立
③　簡素

ここにいう①「公平」には、２つの意味があるといわれています。１つは「**垂直的なもの**」で、もう１つが「**水平的なもの**」です。さらに、最近では３つめの意味として、「**世代間によるもの**」が挙げられることもあります。

順にみていきましょう。

まず、「垂直的なもの」は、所得税の「**累進税率**」を採用していることにあらわれています。相続税や贈与税も累進税率なのですが、このように、課税の対象（数値。課税標準）が増えれば増えるほど、税率も上がる「**累進課税**」は、税金を支払える能力に応じた公平を実現するものだと理解されています（**垂直的な公平**）。

次に、「水平的なもの」は、消費税がわかりやすい例として挙げられます。消費税は、課税の対象（数値）が上がっても、税率は一定の比率（10％）で変わりません。これは、どのような人であっても、消費を行う際に文字どおりフラットに広く薄く税金をとることが、社会全体でみたときに「公平」だという考え方に基づきます（**水平的な公平**）。

3つめの「世代間によるもの」も、消費税でいえば、どの世代でも消費をする際にフラットに発生する税金は、少子高齢社会でも、働いて所得を得ている現役世代にばかり負担が発生することを回避できます。こうした観点からの公平もあるのです（**世代間の公平**）。

②「中立」とは、なんでしょうか？　これは公平と似ている言葉ですが、意味は違います。それは、**税金が、国民の行動に影響を与えてはいけないという考え方**です。

たとえば、結婚をしたら税金が高くなるとなれば、結婚をする際に高くなる税金のことを考慮する人があらわれるでしょう。そうすると、本来自由であるはずの「結婚をするか、しないか」という個人の選択に、税金の問題が介在してきてしまいます。こうしたことは基本的に控えるべきだというのが、中立の意味です。

もっとも、国が推進すべき社会的な政策を国民や企業に推進するために、税のメリット（減税）をつくることで、特定の行為が行われるように、インセンティブとして「**税制**《ぜいせい》」が使われることがあります。

序章で触れた、「賃上げ促進税制」「ＤＸ（デジタル・トランスフォーメーション）投資促進税制」などです（序章５参照）。

２０２４（令和６）年から課税されない額が拡大された、個人の投資に対する非課税を定めた「ＮＩＳＡ（少額投資非課税制度）」も、個人の投資に対する課税を一定の枠内で控えることで、資産形成を奨励するものです。そうすると、ＮＩＳＡは、個人の投資に対して税が「中立」とはいえないことになります。

しかし、それを上回る利益が社会的にあると国が考える場合、税金はこのようにときに、なにかの政策を促進するためのインセンティブとして使われることがあるのです。もっとも、それらは「**租税特別措置法**」という時限立法のルールのなかで使われるのが通常です。

③「簡素」は、文字どおりシンプルを意味します。複雑でわかりにくい税制は避け、単純であること、つまり**シンプルでわかりやすい税制が理想である**。これが簡素の意味です。

もっとも、シンプルであることは、単純ということですから、きめこまかな税制の構築はできにくくなります。そこで、逆に複雑になっても、公平を重視するという税制もあり得ます。

たとえば、所得税（第3章1参照）には、所得を得た理由や原因に応じて10個の種類があります。同じ所得に対する税金である法人税は1つしか種類がないのに、個人の所得に対する税金である所得税には種類が10個もあり、それぞれに計算の方法が変わります。

これは生身の人間であり生活を営む個人が得る所得には、それを得た理由や原因によって、税金を支払える能力に違いがあるため、より公平になるように設けられたものです。ここでは「公平」が重視され、10個も所得の種類があり計算方法も違うという複雑な税制になっています。より「公平」な税金にするために、制度が「簡素」であることの要請は後退させた例といえます。

この意味で、税金の3要素は、どの要素についても、完全に実現されている必要はありません。それらのうちの**どの部分が強調されているのか、それぞれの税金ごとに違う部分があることになりますが**、それはそれでよいのです。

ただし、税制の問題は、毎年法律のルール改正があることを前提に考えるべき問題です。いまある現在の税制も常にどのように変えていくべきか、あるいは維持していくべきかを検討することが必要になります。

その際に、税金の3要素は、基本原則として役立ちます。

すべての部分をバランスよく実現していくことが理想です。しかし、場合によっては、(1)この税金では「垂直的な公平」を重視する、あるいは「水平的な公平」を重視する、(2)きめこまかな公平を実現するために、複雑にしてしまう、(3)特定の社会的に重要な政策を促進するために、中立の要請を後退させて、なにかの行為をした人の税金を安くする優遇措置をつくるなどの工夫ができるのです。

TAX

第2章

税金には、どのような種類があるのか？

TAX 1

対象による分類と性質による分類

税金には、さまざまな種類があります。それらの種類の1つとして、**「なにに対して発生するものなのか？」**という視点があります。

言葉を変えれば、税金の**「対象による分類」**ということになります。専門的には、対象を**「課税ベース」**ともいいます。これは第1章で述べた「税金の計算」の視点で登場した「対象」を思い出していただければよいでしょう（第1章2参照）。

税金の「対象」になるものは、大きく分けて3つあると考えられています。

それは、①**所得**、②**資産**、③**消費**の3つです。

これまでみてきたように、国の税収の三本柱になっていたものには、(1)「消費に対する税金」（消費課税）である消費税があり、(2)「所得に対する税金」（所得課税）である所得税があり、同じく法人税がありました。これに次ぐ税収を記録するものには、(3)「資産に対する税金」（資産課税）である相続税もありました（以上は、第1章1参照）。

税収の順位からの順番はここで前後させますが、所得に対する税金（**所得課税**）としての所得税、そして法人税は、税金の対象が「**所得**」に向けられていることになります。つまり、得られた**利益（もうけ）**が、税金の対象になっています。

これが「**所得に対する税金**」です。所得に対する税金には、ほかに住民税や事業税などがあります。

資産に対する税金（**資産課税**）としての相続税は、税金の対象が資産に向けられていることになります。つまり、ここでは手に入れた「利益（もうけ）」ではなく、手に入れた「**資産**」が税金の対象になっています。これは、贈与税も同じです。資産に対する税金は、このように「資産を手に入れたこと」に対して発生するものもありますし、固定資産税のように「資産を所有していること」に対して発生するものもあります。

これが「**資産に対する税金**」です。資産に対する税金には、ほかに都市計画税や不動産取得税などがあります。

消費に対する税金（**消費課税**）としての消費税は、税金の対象が「人や企業の行う消費」に向けられていることになります。つまり、ここでは利益（もうけ）や、資産ではなく、物を買ったり、サービスの提供を受けるためにお金を支払う、「**消費**」そのものが税金の対象になっています。消費に対する税金は、一般的には「消費税」がこれらを基本的にカバーしていますが、たばこ税のように、特定の消費活動に対して、個別に発生する税金もあります。

これが「**消費に対する税金**」です。消費に対する税金には、ほかに酒税や入湯税などがあります。

◉対象による分類（3分類法）

①所得に対する税金（所得課税）
②資産に対する税金（資産課税）
③消費に対する税金（消費課税）

このように、①「所得に対する税金」（所得課税）、②「資産に対する税金」（資産課税）、③「消費に対する税金」（消費課税）という、大別して3つの対象に対する税金を用意し、これらをミックスしながら、国の税収を上げていく。これが「タックス・ミックス」であるということは、前に述べたとおりです（第1章1参照）。

もう1つの分類としては、いま説明した3つの「対象による分類」と似ているところもあるのですが、「**性質による分類**」もあります。

財務省ホームページなどで一般に紹介されている税金の種類は、これまで述べてきた「対象による分類」で整理されています。そこでは「所得」「資産」「消費」という3つの分類になるのですが、よくみてみると、この3分類の場合、「資産」にだけ「等」がついています。「所得」「資産等」「消費」という分類なのです（**3分類法**）。

ここで「**等**」がつけられるのは、わかりやすく3つに分けたい税金ですが、専門的には、本来はその性質によって4つに分けられているからです（**4分類法**）。

本書はわかりやすさに重きを置き「3分類」で、3章以下の税金についてはグルーピングしていきますが、その1つひとつをみるときには、専門的な視点（特に学問としてみた観点）から使われる「4分類」による区別についても、簡単に紹介をしていきます。

その4分類とは、税金の「性質による分類」になりますが、なにに着目してつくられた税金なのかをめぐり、次の4つに分けられています（なお、この4つは、あくまで「**性質**」によって税金を分類するときの視点であり、税金の名前ではありませんのでご注意ください）。

1つめが「**収得税**」です。これは「収得」して得たものに着目する税金です。たとえば、所得税や法人税は、個人や法人が得た「所得」（利益）に着目するものなので、収得税です。

2つめが「**財産税**」です。これは「財産」の所有に着目する税金です。たとえば、固定資産税は、土地・家屋などの「資産」を所有することに着目するので、財産税です。

3つめが「**消費税**」です。これは商品を購入するなどの「消費」に着目する税金です。たとえば、文字どおり消費税は「消費税」の性質をもつものにあたります。ほかにも、酒税やたばこ税も、その性質は「消費税」になります。

4つめが「**流通税**」です。これは権利の取得などの取引の「流通」過程に着目する税金です。たとえば、登録免許税、印紙税、不動産取得税などは、取引にまつわる流通過程に着目するので、流通税です。

◉性質による分類（4分類法）

❶収得税……「収得」して得たものに着目する税金
❷財産税……「財産」の所有に着目する税金
❸消費税……商品を購入するなどの「消費」に着目する税金
❹流通税……権利の取得などの取引の「流通」過程に着目する税金

以上の「対象」で3つに分けられる税金（対象による分類。3分類法）、そして「性質」で4つに分けられる税金（性質による分類。4分類法）は、次節で述べるように、「だれがもらう税金なのか」（通常は「だれに支払う税金なのか」）によって、さらに2つに分けられることになります。

TAX 2

税金をもらう相手による分類

だれがもらう税金なのか、つまり、わたしたちの支払う税金を受け取り、これを自由に使う相手による分類について、説明していきましょう。

これからみる「**税金をもらう相手**」は、通常は、わたしたち国民からみれば、「**税金を支払う相手**」になります。そして、最終的に「だれがもらう税金なのか?」をイメージするよりも、わたしたちが「**だれに支払う税金なのか?**」をイメージするほうがわかりやすいのではないかと思います。

そこで、まずは「税金を支払う相手」は、「税金をもらう相手」であることを前提に、以下では、だれに支払う税金なのかという点からみていきましょう。

税金を支払う相手は、常に「**税務署**」であると思っている人もいるかもしれません。

しかし、税務署は、あくまで「**国税庁**」という組織のもとで、国に対する税金を扱い、その徴収などをしていく機関です。したがって、税務署で働く人は、国家公務員になります。その税務署に対する税金の支払いとなれば、それは要するに、国に対して支払ったことになります。

このように、税務署を通じて「国」に対して支払う税金のことを、「**国税**《こくぜい》」といいます。

正確にいうと、「国がもらう税金」が「国税」であるということになります。支払う相手は国であっても、このあとみるように、地方消費税のように、そのあとに地方自治体に渡されることになる「地方税」もあるからです。

ただし、「国税」として国に支払われる税金（国がもらう税金）のなかには、地方自治体に譲《ゆず》り与《あた》えることが決められている「**譲与税**《じょうよぜい》」もあります。

このような場合もあるので、「支払う相手」というよりも、その税金を「もらう相手」が国であるものが、国税ということになります。

国税の支払いが適切に行われていないときに、調査などを行い適切な税金の額に修正をさせるような「**追徴の課税**」（税金の追《つい》加での徴《ちょう》収）を行うのは、税務署です。

税務署は、国税庁の下《もと》にある組織なので、「国税」というと、こうした調査をして追徴の課税を行う「税務署の職員」（＝国税調査官）を指す場合もありますが、調査官は、いわゆる「コクゼイ」です。

■国税庁の組織図

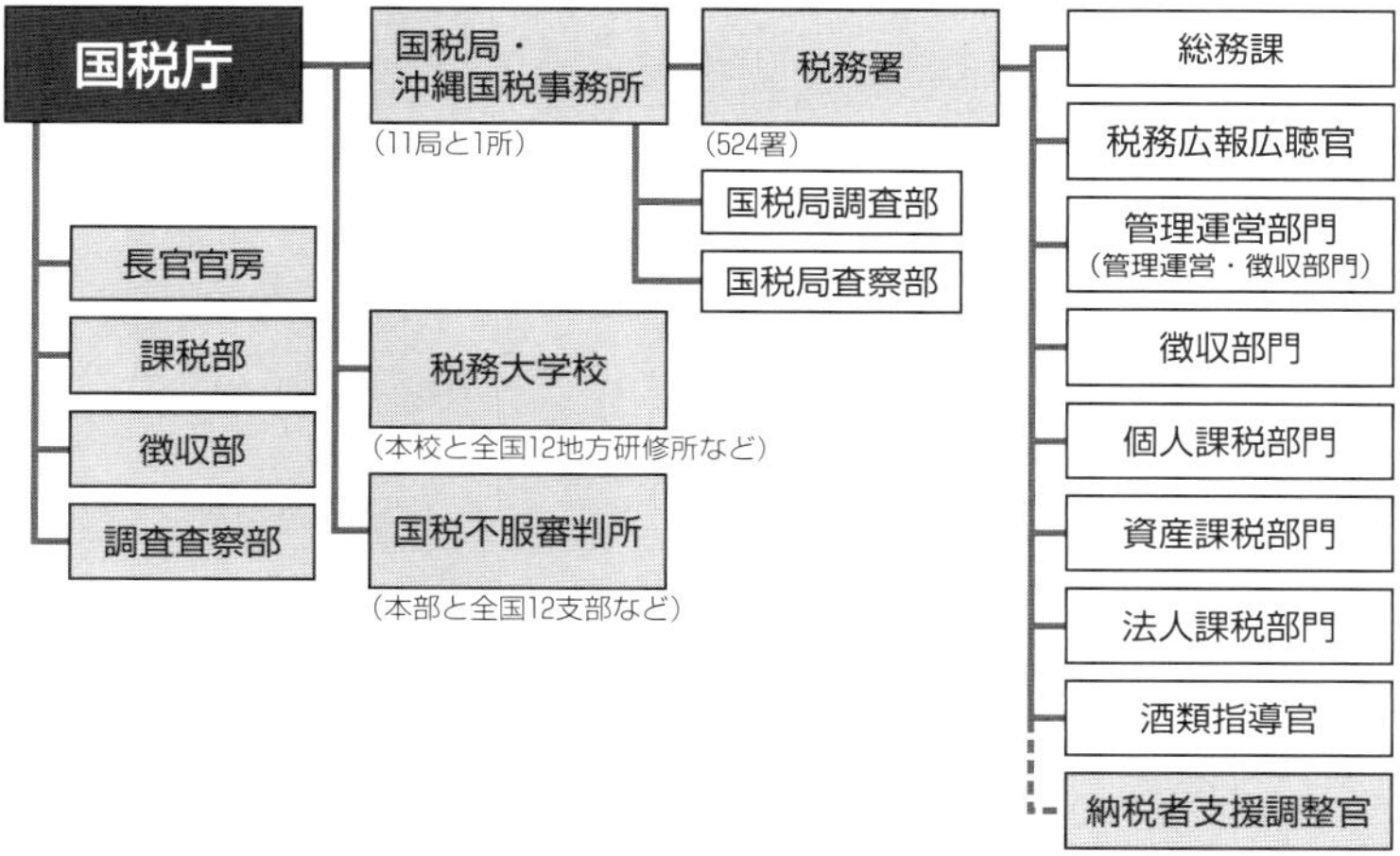

出典：国税庁ＨＰ「国税庁の機構」

ここで国民に法律のルールに則《のっと》った適切な税金を課して、支払いがない場合には実際にこれを徴収していくことなどを使命とする「国税庁」の組織についても、みておきましょう。

組織図は、上の図のとおりです。

このように日本全国に524ある税務署が、わたしたち国民1人ひとりの「住所」を基準に所轄をしています。「**所轄《しょかつ》の税務署**」と呼ばれたりするのは、その税金を支払う人の「住所」を基準にして、税務署の事務分配としての担当先が決められているからです。

このように「国税」は税務署に支払うものでしたが、税金を支払う相手が税務署ではない税金もあります。

たとえば、マンションや建物を所有している人は、毎年、固定資産税という税金を支払うことになります。現に支払っている読者もいるでしょう。学生の読者の方は、親御さんが支払っている可能性があります（持ち家の場合です）。

誤解をしている人も多いのですが、固定資産税は「税務署」に支払うものではありません。実際に、固定資産税の通知が家に届いている人（あるいは親御さんに届いている人）は、通知を探して、よくみてください[*42]。

その通知は税務署からではなく、その地域の「**自治体の税務課**」から届いているはずです。たとえば、東京都の港区税務課、横浜市の緑区税務課などです。

ではなぜ、税務署ではないのでしょうか？

それは、固定資産税は、専門的には「**市町村税**」といって、全国の地方自治体である市町村に支払われる税金だからです（東京23区の場合は、都税として東京都に支払います）。

不動産を取得したときには、不動産取得税という税金が発生します（序章4参照）。この不動産取得税の支払い先は、都道府県になります。専門的には「**道府県税**」というものです（道府県税は東京都には都税として準用されます）。こうして、不動産取得税の支払い先は、東京都や北海道、そして大阪府や神奈川県などの都道府県になるのです。

こうした「地方税」を国として統括しているのは、「**総務省**《そうむ》」になります。国税の法律のルールの改正案（法案）をつくるのは「財務省」でした。これに対して、地方税の法律のルールの改正案（法案）をつくるのは、「総務省」になるのでしたね（第1章6参照）。

この点で、地方税の統計データなどは、「財務省のホームページ」ではなく「総務省のホームページ」をみると、いろいろ掲載されています。

国　税……………財務省（主税局）が法律の案をつくる
地方税……………総務省（自治税務局）が法律の案をつくる

このように、税金を支払う相手が都道府県や市町村の場合、わたしたちは国ではなく地方自治体に税金を支払っていることになります。その税金は、その自治体の収入（税収）となり、その自治体の費用として使われることになります。

このように地方公共団体に支払われる税金のことを、税務署（国）に払う税金と区別し、「**地**

＊42　固定資産税の納税通知書という書類になります。

方税」というのです。もっとも、地方消費税のように、国（税務署）に支払うものでありながら、これを国から地方自治体がもらうものもあります（第5章1参照）。

地方消費税は、支払う相手は国ですが、もらうのは地方自治体です。そして、地方消費税は「地方税」になります。

もう1つ例を挙げておきましょう。住民税は、「**道府県民税**」と「**市町村民税**」の2つがあるのですが、その地域に住む住民はこの2つを合わせて市町村に支払います。市町村は、このうち「道府県」の分である道府県民税は、道府県にこれを渡します。

こうした例をみると、支払う相手がだれであるかで、ほとんどの税金は、国税と地方税を区別することができますが、必ずしも支払う相手だけで決められる分類ではないことも、わかります。

つまり、冒頭に戻りますが、国税と地方税は「税金を支払う相手」であると考えるとわかりやすいのですが、**厳密には「税金をもらう相手」で考えるのが正しい**ことになります。

国がもらう税金が「国税」であり、地方自治体がもらう税金が「地方税」ということです。

税金をもらう相手による分類

- **国がもらう税金** → **国税**
- **地方自治体がもらう税金** → **地方税**

■2024（令和6）年度一般会計予算 歳出・歳入の構成

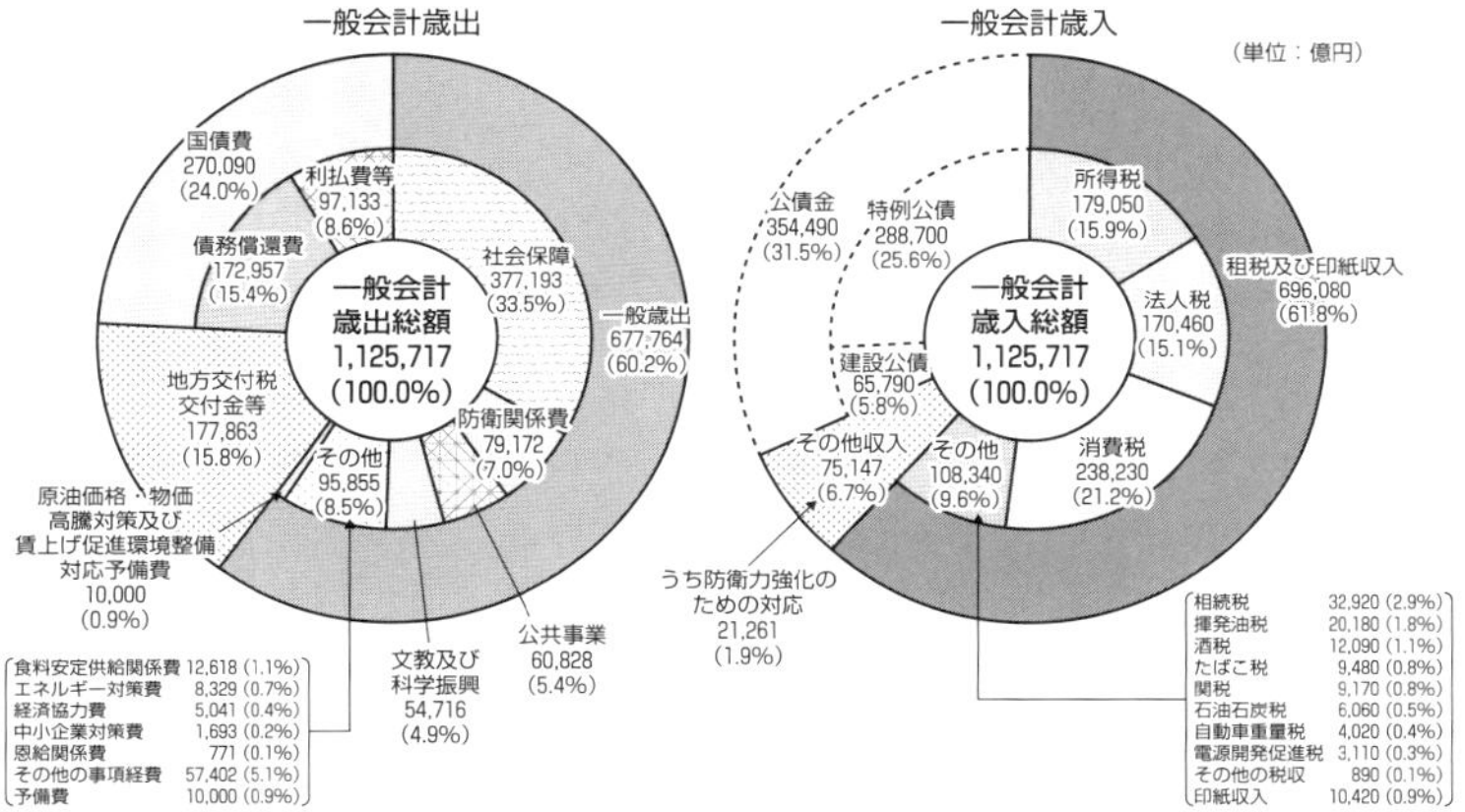

注1：計数については、それぞれ四捨五入によっているので、端数において合計とは合致しないものがある。
注2：一般歳出における社会保障関係費の割合は55.7%。

出典：財務省ＨＰ「令和６年度一般会計予算 歳出・歳入の構成」

このような地方税ですが、地域により特徴や強みも異なれば、人口などの問題から税収があまり上がらない自治体もあります。

そのため、さまざまな工夫がなされています。たとえば、**地方交付税交付金**といって、自治体の税収の格差を調整するため、国が各自治体に分配をしているものがあります。各自治体は、独自の税収だけでなく、この地方交付税交付金も財源になることになります。

ここで、国の歳出（支出）がわかる円グラフを、上に再度載せておきましょう。

このように、２０２４（令和６）年度の「一般会計歳出」の総額１１２兆５７１７億円のうち、15・8％にあたる17兆７８６３億円が「地方交付税交付金等」にあたら

■ふるさと納税の受入額及び受入件数の推移

○ふるさと納税の受入額及び受入件数（全国計）の推移は、下記のとおり。
○2023(令和5)年度の実績は、約1兆1,175億円(対前年度比：約1.2倍)、約5,895万件(同：約1.1倍)。

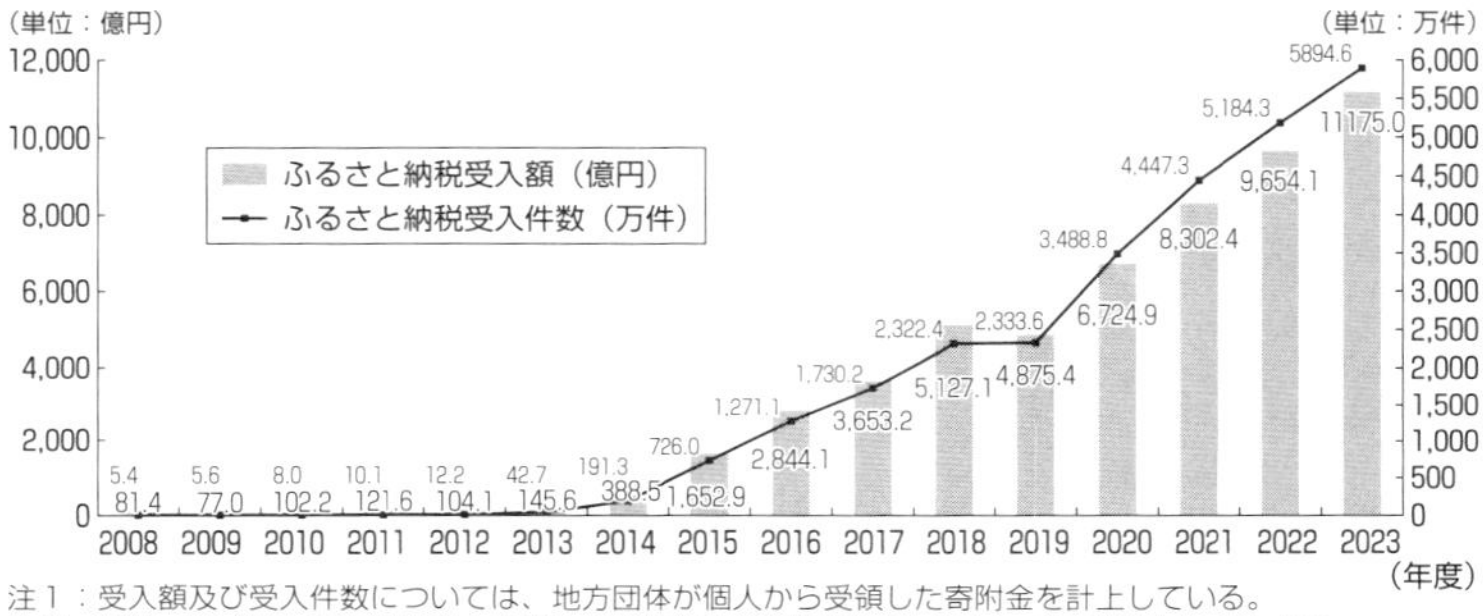

注１：受入額及び受入件数については、地方団体が個人から受領した寄附金を計上している。
注２：2011（平成23）年東北地方太平洋沖地震に係る義援金等については、含まれないものもある。
注３：表中（ ）内の数値は、ふるさと納税ワンストップ特例制度の利用実績である。

出典：総務省ＨＰ・自治税務局市町村税課『ふるさと納税に関する現況調査結果（令和６年度実施）』（2024〔令和６〕年８月２日）「ふるさと納税の受入額及び受入件数の推移（全国計）」をもとに一部加工

れていることがわかります。

話題の**ふるさと納税**は、その性質から税金そのものではなく、じつは「**寄《き》付《ふ》**」の１つです（序章６参照）。ただし、その寄付をした人は、その額の２０００円を超える部分が、所得税と住民税から控除されます（上限額あり）。自治体としては、ふるさと納税（寄付）をしてくれたお礼としての「返礼品」の魅力などを工夫することで、その地域の住民ではない人たちから、広く収入を得ることが可能な仕組みです。

しかし、このふるさと納税も、実際には特定の地域に寄付が集中してしまうという現状もあり、結局またその格差が問題になっています。

上のグラフをみると、ふるさと納税による地方自治体の全体の収入は年々増え続け

■ふるさと納税の受入額及び受入件数（都道府県別）

（単位：百万円、件）

都道府県名	2023（令和５）年度		2022（令和４）年度	
	受入額	受入件数	受入額	受入件数
北海道	165,496	9,738,882	145,290	8,616,681
青森県	7,419	482,026	6,346	453,193
岩手県	23,327	1,366,247	17,696	1,081,430
宮城県	26,361	1,469,097	18,660	951,306
秋田県	9,974	425,035	8,672	424,210
山形県	42,633	2,571,764	40,463	2,462,816
福島県	9,029	333,199	6,207	232,721
茨城県	37,419	2,070,723	25,784	1,346,792
栃木県	14,344	788,239	9,604	579,223
群馬県	11,148	476,134	10,140	379,134
埼玉県	8,814	313,681	7,298	241,307
千葉県	21,471	1,044,798	16,028	921,134
東京都	7,863	124,250	5,257	95,645
神奈川県	16,959	459,648	16,311	475,619
新潟県	34,082	1,233,635	31,268	1,153,177
富山県	3,872	152,801	2,874	105,374
石川県	11,316	646,437	5,190	144,954
福井県	16,124	817,931	15,204	786,078
山梨県	35,884	1,753,816	32,185	1,628,878
長野県	26,360	1,473,067	25,215	1,303,800
岐阜県	24,072	1,294,856	22,285	1,089,162
静岡県	45,751	2,568,195	32,885	1,799,654
愛知県	32,983	1,039,687	25,097	867,633
三重県	10,864	426,907	9,775	410,216
滋賀県	14,449	390,817	12,688	351,584

都道府県名	2023（令和５）年度		2022（令和４）年度	
	受入額	受入件数	受入額	受入件数
京都府	19,732	576,058	17,511	480,589
大阪府	37,019	1,736,388	32,378	1,427,176
兵庫県	29,553	1,278,606	26,867	1,105,069
奈良県	3,557	162,813	3,238	145,247
和歌山県	21,998	1,604,590	20,753	1,721,544
鳥取県	7,247	406,858	6,504	341,832
島根県	6,015	212,437	5,149	198,268
岡山県	10,283	490,115	8,000	379,054
広島県	6,355	245,270	4,935	174,561
山口県	4,521	202,701	3,198	152,018
徳島県	3,635	191,470	2,891	151,091
香川県	9,537	539,025	8,260	474,087
愛媛県	12,740	881,176	8,810	615,117
高知県	16,034	1,190,502	14,796	1,097,857
福岡県	61,504	4,187,459	55,089	3,905,364
佐賀県	40,508	2,454,584	41,643	2,715,845
長崎県	16,711	838,106	16,029	874,863
熊本県	29,888	2,014,579	28,773	2,111,557
大分県	11,433	559,828	10,722	552,298
宮崎県	52,012	2,803,099	46,644	2,507,947
鹿児島県	44,329	2,434,499	42,464	2,389,695
沖縄県	14,875	473,581	12,331	420,114
合計	1,117,500	58,945,616	965,406	51,842,914

出典：総務省HP（同前頁図表）「ふるさと納税の受入額及び受入件数（都道府県別）」をもとに一部加工

ており、2023（令和5）年度は、1兆1175億円にも上ることがわかります。

この1兆1175億円の内訳は、都道府県単位のデータをみると、上の表のようになっています。

さて、本節では、税金をもらう相手がだれかにより「国税」と「地方税」の2つに分類されることを述べてきました。

これに前節で述べた税金の対象による3つの種類をかけ合わせると、次頁上の表のようになります。

■国税・地方税の税目・内訳

租税には様々な税目がある中、いくつかの視点からの分類があり、国税と地方税は課税主体に着目した分類です。また、所得課税・消費課税・資産課税等は、税負担を経済活動のどの局面に求めているかに着目した分類です。

	国税	地方税
所得課税	所得税 法人税 地方法人税 特別法人事業税 復興特別所得税 森林環境税	住民税 事業税
資産課税等	相続税・贈与税 登録免許税 印紙税	不動産取得税 固定資産税 特別土地保有税 法定外普通税 事業所税 都市計画税 水利地益税 共同施設税 宅地開発税 国民健康保険税 法定外目的税

	国税	地方税
消費課税	消費税 酒税 たばこ税 たばこ特別税 揮発油税 地方揮発油税 石油ガス税 航空機燃料税 石油石炭税 電源開発促進税 自動車重量税 国際観光旅客税 関税 とん税 特別とん税	地方消費税 地方たばこ税 ゴルフ場利用税 軽油引取税 自動車税 （環境性能割・種別割） 軽自動車税 （環境性能割・種別割） 鉱区税 狩猟税 鉱産税 入湯税

■税収の内訳

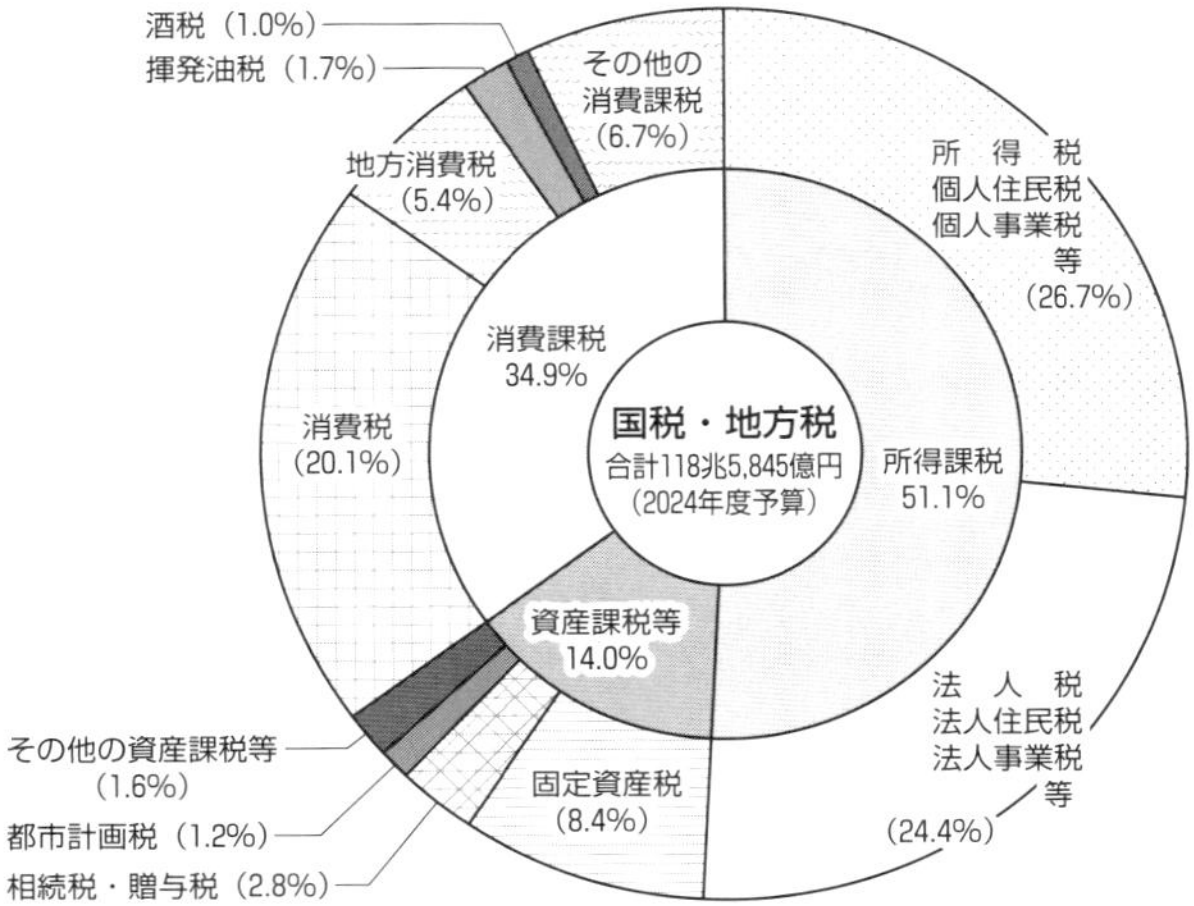

出典：上記図表・円グラフともに財務省ＨＰ「国税・地方税の税目・内訳」をもとに一部加工

117頁の表は、都道府県単位でふるさと納税の受入額を計算してまとめたものです。都道府県単位でみたときに、大きなバラつきがあることがわかると思います。返礼品を豪華にすることで、上手にふるさと納税で収入を得た自治体がある一方で、ある意味ですが、税収を他の自治体に奪われたようなかたちになる自治体もあります。

こうした観点から、ふるさと納税の廃止を求める意見もあります。一方で、2024（令和6）年の元旦に起きた石川県の能登半島地震のような被災地に、返礼品なしでふるさと納税として寄付が集まるようなこともあります。

話を戻すと、前頁の図表が「日本の税金」の全体像になります。それにもかかわらず、あえてここまで、その全体像をおみせすることなく説明を進めてきたのには、理由があります。それは、これをいきなりみてしまうと、種類と数が多すぎて、読者の方が「むずかしい」と直感して、**「学びの心にブレーキがかけられてしまうかもしれない」**と思ったからです。

しかし、ここまで、国税の三本柱としての消費税（消費課税）、所得税・法人税（所得課税）、そして4番目の税収がある相続税（資産課税等）をじっくりとみてきた読者の方には、この図表は逆に、「ほかにもこれほどたくさんの税金があるのか！」と、むしろ興味がさらにわくものになったのではないかと思います。

「まだ、そこまでにはならないけど……」という方も、もちろんいると思います。大丈夫です。いまは「たくさんの税金があるんだなぁ」くらいのイメージをもっていただければ、十分です。

税金の種類の視点は、じつはまだまだあります。次節では、実際に負担する人による違いを解説します。

TAX 3

負担をする人による分類

税金を支払う人が、常にその税金を自分で負担しているのかというと、必ずしもそうではないことがあります。

たとえば、消費税は、ものを買ったり、お金を払ってサービスの提供を受けたりする際に、これらの消費を対象にして発生する税金です。こうした消費が行われる際に、支払う代金に消費税分が上乗せされる（価格に転嫁される）ことになります。

そこで、税金を実際に負担するのは、消費をした人（ものを買ったり、お金を払ってサービスの提供を受けたりする人）になります。ここにいう人は、企業などの法人も含みます。

わたしたちは、お菓子を買うときでも、本を買うときでも、ご飯を外で食べるときでも、代金に上乗せされた消費税の部分についても、お店に支払いをしていますよね。

しかし、この消費税をわたしたちが税務署に支払っているかといえば、それはしていないで

■消費税の負担の例

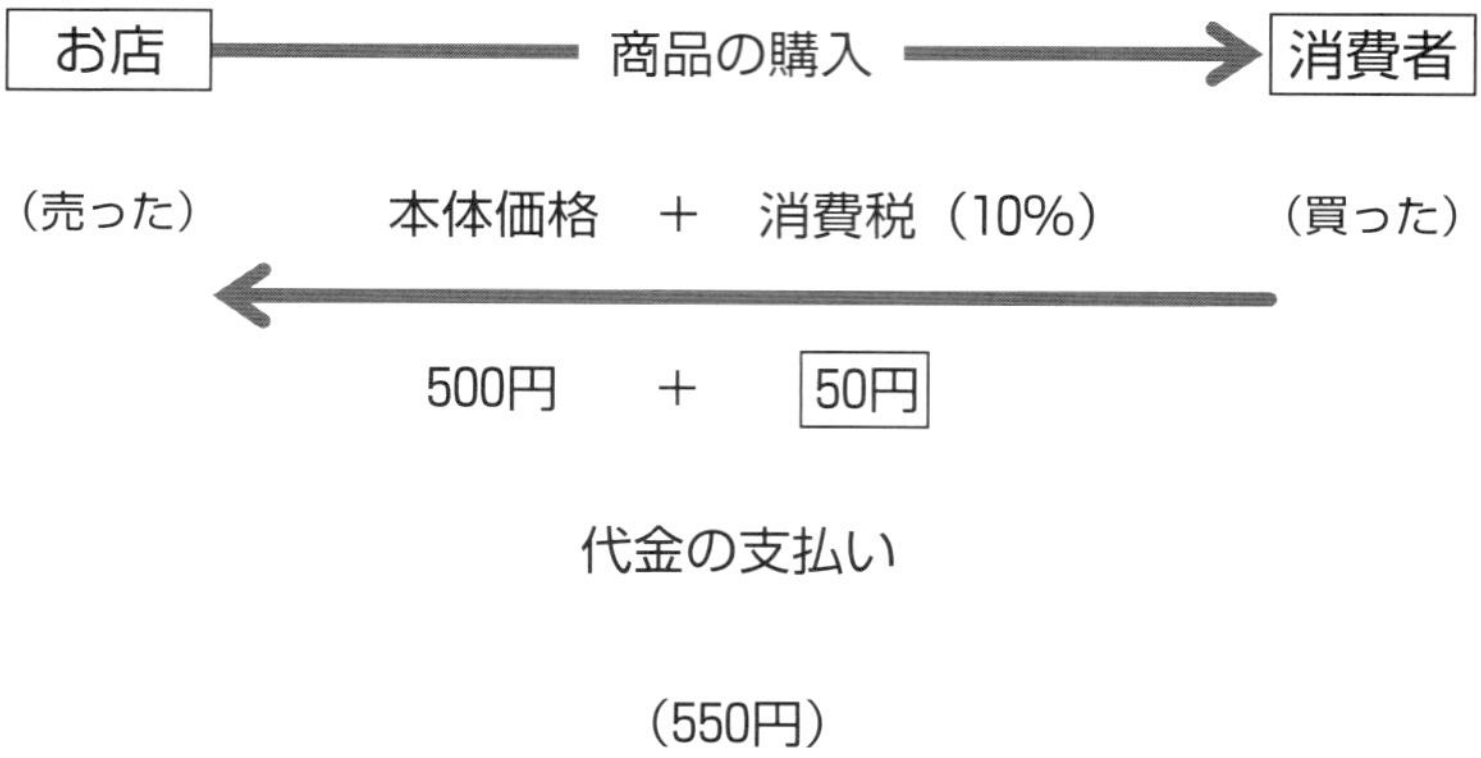

しょう。

つまり、消費をする際に代金に上乗せがされて、支払いを求められるわたしたち消費者は消費税の額の負担をしているものの、直接に税務署に税金を支払っているわけではありません。

それは、なぜでしょうか?

なぜかといえば、消費税を税務署（国）に支払う義務があるのは、お店などの「**事業者**」だからです。

お店などを経営している事業者は、個人事業の場合であっても、会社などの法人の場合であっても、消費税法のルールがつくる課税の期間に応じて、代金に上乗せされて預かってきた消費税を、税務署に「**確定申告**」します。

そして、ルールに基づき計算した消費税を、

■消費税を計算する仕組み（小売業者の例）

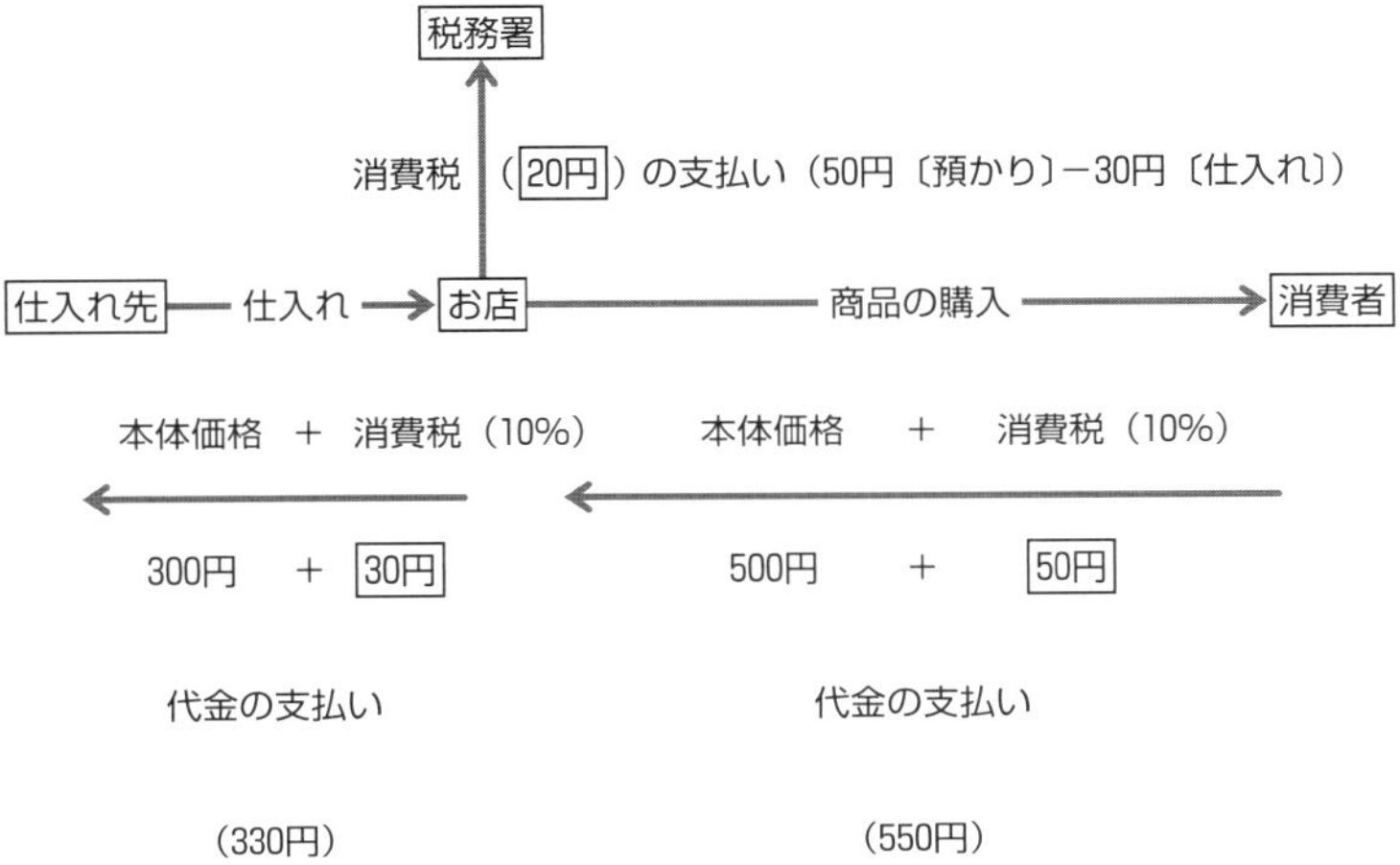

まとめて税務署に毎年支払っています。なお、消費税を計算する際には、仕入れをするときに支払った消費税を差し引く計算をします（**仕入税額控除**）。

このように、実際に税金を負担する人と、その税金を支払う人が異なる場合の税金のことを、「**間接税**」といいます。

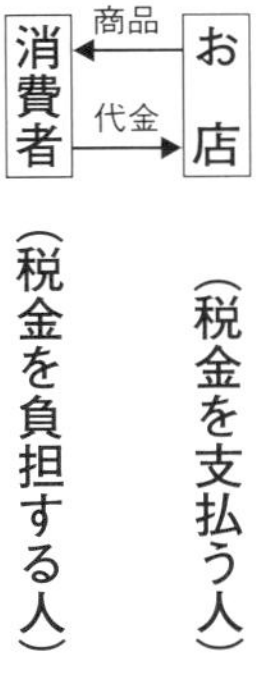

間接税と呼ばれるのは、次の理由によります。それは、税金を支払う人が直接にその税金を負担しているのではなく、実際に税金の負担をする人は別にいて、**税の負担が間接的**になっているからです。実際の負

担があるかについては微妙なものもあるため、価格に転嫁されることが予定されているものを「間接税」と表現することもあります。

こうした観点からみたときに、これまでみてきた所得税、法人税、相続税、贈与税などは、**税金を負担する人と、税金を支払う人が一致**していたことになります。こうした税金のことは、「**直接税**」といいます。

税金を負担する人による分類

税金を支払う人が直接負担をする……………………**直接税**
税金を支払う人とは別の人が間接的に負担する……**間接税**

間接税については、このように実際に税金を負担する人と支払う人の違いが明確に生じる場合に限らず、消費に対する税金のように、直接的に生じる所得などを対象にしない場合を指す場合もあります。

「消費税」の性質をもつものは、最終的に消費者に転嫁することが予定され、製造者、販売者、取引者などの取引段階の事業者が税金を支払うものを、「**間接消費税**」といいます（消費税、酒税、揮発油税など）。これに対して、消費者が税金を支払うものの、事業者などが代金とは別に受け取る「徴収」（**特別徴収**）が必要になるものを、「**直接消費税**」といいます（ゴルフ場利

■主要国における直間比率（国税＋地方税）の比較

日本	米国	英国	ドイツ	フランス
66：34	78：22	59：41	55：45	55：45

出典：財務省ＨＰ「主要国における直間比率（国税＋地方税）の比較」

用税、入湯税、軽油引取税など）。特別徴収は、消費税に限らず、税金を受け取り、税務署に支払うことを、事業者に義務づける制度です。

消費税のなかでの分類は、専門的な話なので、本書では、消費税の性質をもつものは、基本的に「間接税」として分類します。

現在でも、税金の多くは「直接税」ですが、消費税のように「間接税」になっているものもあります。間接税の例には、消費税のほかに酒税やたばこ税などもあります。消費税を**一般消費税**、酒税やたばこ税などを**個別消費税**といいます。消費を特定せず全般にかけるのが、いわゆる消費税（一般消費税）で、対象を特定するのが個別消費税です。

国の税収に占める「直接税と間接税」の割合のことを、専門的には「**直間《ちょっかん》比率《ひりつ》**」といいます。税収全体のなかの直接税と間接税の割合（比率）という意味です。

これについては財務省のホームページに国際比較[43]の図表があるので、本節の最後に挙げておきます。

こうして、現在は66％が直接税で、34％が間接税という比率を記録している日本ですが、これはあくまで「国税」と「地方税」を合わせたものです。

実際には、これまでみてきた三本柱からなる国税の税収については、直接税の比率が高くなってきています。国税に限ってみると、現在の直間比率は、直接税が6割弱、間接税が4割超といったところです[*44]（これに対して、地方税の直間比率はより直接税中心になっており、その割合は8対2です[*45]）。

第二次世界大戦の終戦後は、所得税や法人税といった直接税を中心に税収を得る方向性でした（**直接税中心主義**）。しかし、少子高齢化の進む日本では、社会保障費の負担が増大しています。本来は、社会保険料が基本的な財源ですが、現在では公費（税金）も社会保障給付の財源として重要になっています。こうして、その負担は、幅広い世代に広く求められています。

この点で、1989（平成元）年に創設された消費税が躍進を遂げることになります。

消費税の導入は、直間比率の改善をすることが前提にありました。導入前には国税で約7対3（地方税と合わせると約8対2）だったものが[*46]、現在では、それぞれの数値に変化が起きていることがわかると思います。

消費税の税率は、導入時の1989（平成元）年は3％でした。そのあと少しずつ、税率を上げていきました[*47]。そして、2019（令和元）年10月から、現在の10％になりました。

＊43　この数値は、日本は２０２１（令和３）年度の実績額で、諸外国はＯＥＣＤ "Revenue Statistics 1965-2022" による２０２１年の計数（ドイツは推計値）であることが、この図表の注書にあります。ＯＥＣＤ "Revenue Statistics" の区分に従って作成されており、所得課税、給与労働力課税及び資産課税のうち流通課税を除いたものを直接税、それ以外の消費課税等を間接税等とし、両者の比率を直間比率として計算しているものです（財務省ＨＰ「主要国における直間比率（国税＋地方税）の比較」の注書参照）。

＊44　直間比率（国税）の統計データをみると、２０２４（令和６）年度は57・２対42・８（見込）、２０２３（令和５）年度は58・３対41・７（実績見込）、２０２２（令和４）年度は58・９対41・１になっています（総務省ＨＰ「令和６年度　地方税に関する参考計数資料」の「８　租税総額中に占める直接税及び間接税等の割合」）。

＊45　地方税の直間比率は、２０２４（令和６）年度は79・６対20・４（見込）、２０２３（令和５）年度は80・２対19・８（実績見込）、２０２２（令和４）年度は79・７対20・３になっています（総務省ＨＰ・前掲注44）。

＊46　１９８５（昭和60）年度の国税の直間比率は72・８対27・２であり、地方税と合わせたものでは77・６対22・４でした（総務省ＨＰ・前掲注44）。

＊47　１９９７（平成９）年に５％、２０１４（平成26）年に８％と、消費税の税率は順次上げられてきました。

TAX 4

法律が用意したものか、自治体がオリジナルにつくるものかによる分類

都道府県や市町村などの「地方自治体」に支払う税金を、「地方税」といいました。

そして、地方税の場合は、「**地方税法**」という法律のルールで決められた大枠に基づきながら、各自治体が地方議会でつくった条例のルールで詳細を決めることが必要でした（**地方税条例主義**）。

また、ここにいう条例は「**税条例**」と呼ばれるものでした。大阪府税条例、神戸市市税条例、札幌市税条例、福岡市市税条例、東京都都税条例というようにです（条例の名前は、このように「市」や「市税」などを重ねて記載するものと、重ねずに省略するものの両方があります）。

おさらいですが、まとめておきましょう。

地方税法→（中央政府の国会でつくられた法律）＝地方税のルールの大枠を決める
＋
税条例　→（自治体の地方議会でつくられた条例）＝その自治体の地方税の詳細を決める

地方税

そうすると、地方税にそもそもどのようなものがあり、全国の自治体で共通してどのような内容をもつのかについては、「地方税法」という法律のルールをみればわかるはずです。

そこで地方税法をみてみると、次のような条文にぶつかります。

①**「道府県は、……次に掲《かか》げるものを課《か》するものとする」**（地方税法4条2項本文）
②**「道府県は、前項各号《ぜんこうかくごう》に掲《かか》げるものを除《のぞ》くほか、別に税目《ぜいもく》を起こして、……税を課《か》することができる」**（地方税法4条3項）

同じようなことが、市町村についての条文にもあります。

①**「市町村は、……次に掲げるものを課するものとする」**（地方税法5条2項本文）
②**「市町村は、前項に掲げるものを除く外《ほか》、別に税目を起して、……税を課することができる」**（地方税法5条3項）

ここにある条文の言葉をみると、道府県の税金（道府県税）についても、市町村の税金（市町村税）についても、最初の文章（①）に「次に掲げるものを課する」とあり、道府県や市町

■地方税の法定税と法定外税

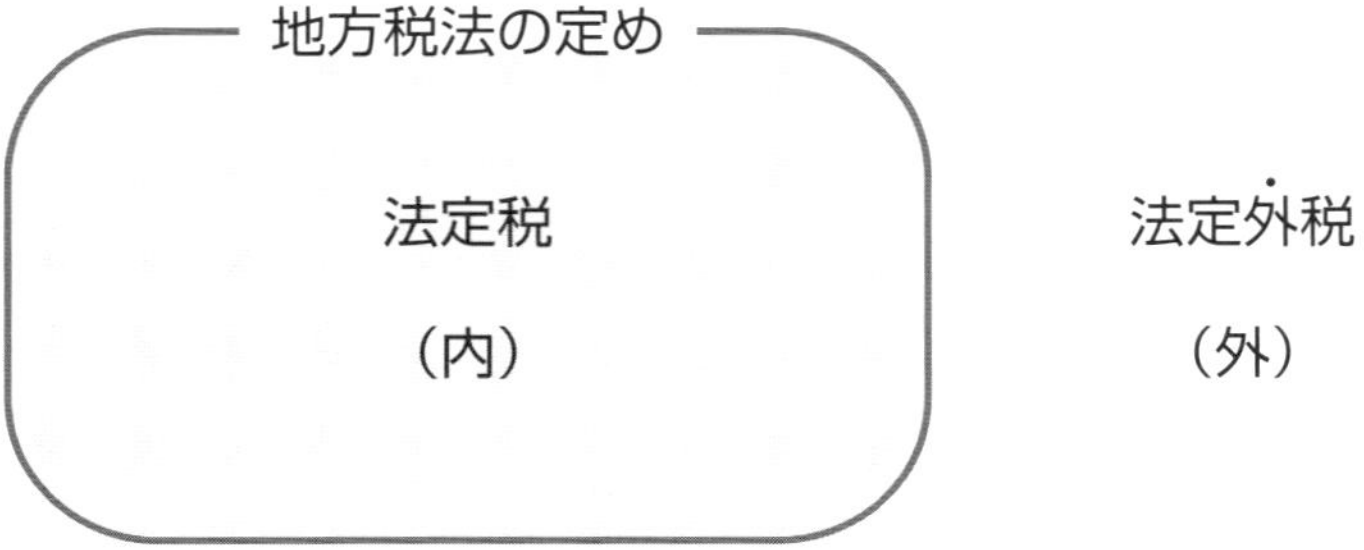

村の税金にすでに決められているものがあることがわかります。これは「法律が用意したもの」といえます。

一方で、2番目の文章（②）をみると、「前項に掲げるもの」、つまり、①でみた「法律が用意したもの」以外にも、「別に税目《ぜいもく》を起して……税を課することができる」税金があることがわかります。税目とは、「税金の名前」のことでした。

つまり、「法律が用意したもの」とは別に、**地方自治体が独自に別の税金をつくって住民からとることもできる**のです。これは、「自治体がオリジナルにつくるもの」といえます。

ここでみたのは地方税にある独特な分類ですが、①の「法律が用意したもの」を「**法定税**」といい、②の「自治体がオリジナルにつくるもの」を「**法定外税**」といいます。

少し専門的な言葉になりますが、地方税法という「法律」の「定め」がベースにある「税金」（法定税）と、それとは別に、つまり地方税法という「法律」の「定め」のいわば「外」にある、地方自治体の条例のルールで、オリジナルにつくることができる「税金」（法定外税）という分類です。

「法定外税」があるということは、地域の実情に応じて、地方自治体が独自の税金を条例のルールでつくることを、地方税法という法律のルールが認めているということになります。ただし、各自治体が独自の方法で自由につくれるわけではなく、手続きについては、その方式が決められています。*48

地方自治体には、住民から税金をとる権限としての「**課税権**《かぜいけん》」があるのですが、あくまでこれは中央政府のつくった「法律」としての地方税法に基づくものになります。

こうして、国税と違って、地方税は自治体ごとに条例でつくることができるといっても、「名前や大枠を法律（地方税法）が用意したもの」（法定税）と、「名前も含めて自治体がオリジナ

---

*48　法定外税をつくるためには、地方議会での議決だけでは足りず、さまざまな手続きをとることが必要になっています。具体的には、税収の10分の1を継続的に超えることが見込まれる特定の納税者（**特定納税義務者**）がいる場合には、**地方議会がその納税者から意見の聴取を行うことが必要**です（地方税法２５９条２項、７３１条３項）。また、地方議会の可決だけでなく、**総務大臣と協議を行い同意を得ること**、**総務大臣は地方財政審議会から意見の聴取を行うこと**、**財務大臣に通知を行うこと**（財務大臣が異議を出す場合があります）などです。これらは地方税法という法律のルールで決められています（地方税法２５９条～２６１条、７３１条～７３３条参照）。総務省ＨＰ「法定外税新設〔原文ママ〕の新設等の手続」も参照。

ルにつくるもの」（法定外税）の2つがあるのです。

地方税｛**法定税……………名前や大枠を法律（地方税法）が用意したもの**
法定外税………名前も含めて自治体がオリジナルにつくるもの｝

法定税は、地方自治体が必ず条例に定めて、住民からとらなければいけない「**必須のもの**」と、条例でとることもできる「**任意のもの**」に、さらに分かれます。

これは表現を変えれば、「地方自治体で選択することができないもの」と、「地方自治体で選択することができるもの」と説明することもできます。

法定税｛**必須のもの（地方自治体で選択することができないもの）**
任意のもの（地方自治体で選択することができるもの）｝

これに対して法定外税は、地方自治体が条例というルールに定めて、その地域の住民からとるかどうかが、自治体の判断にゆだねられているものになります。

地方税法という法律では、税金の名前も含めて内容が決められていない。これが、「法定外税」です。つまり、自治体には、中央政府のルールである地方税法という法律の外で、創意工夫が認められており、あたらしい税をつくるためのオリジナリティが求められることになります。したがって、法定外税は、各自治体が地域の実情に照らして、独自《どくじ》に条例のルールで、他の自治体にはない税金をつくることができるものなのです。

現在ある法定外税の例としては、次のようなものがあります。

① **宿泊税**＊49
② **環境協力税**＊50
③ **核燃料税**＊51

＊49 宿泊税は、東京都、大阪府、福岡県、さらに京都府京都市、石川県金沢市、北海道倶知安町、福岡県福岡市、福岡県北九州市、長崎県長崎市で導入されています。

＊50 環境協力税は、沖縄県の伊是名村、伊平屋村、渡嘉敷村で導入されています。ほかにも、沖縄県座間味村には、美ら島税があります。

＊51 核燃料税は、福井県、愛媛県、佐賀県、島根県、静岡県、鹿児島県、宮城県、新潟県、北海道、石川県で導入されています。ほかにも、核燃料等取扱税（茨城県）、核燃料物質等取扱税（青森県）、使用済核燃料税（鹿児島県薩摩川内市、愛媛県伊方町、新潟県柏崎市）などもあります。

④　**産業廃棄物税**[*52]

①〜④は、それなりの数の自治体が、同じような税を導入しています。

一方で、

⑤　**別荘等所有税（静岡県熱海市）**

⑥　**歴史と文化の環境税（福岡県太宰府市）**

⑦　**狭小住戸集合住宅税（東京都豊島区）**

⑧　**空港連絡橋利用税（大阪府泉佐野市）**

⑨　**宮島訪問税（広島県廿日市市《はつかいちし》）**

⑩　**遊漁税（山梨県富士河口湖町）**

などのように、その地域に独特なものもあります。[*53]

最近の動きをみると、宮城県で「**再生可能エネルギー地域共生促進税**」が創設され、2023（令和5）年7月にそのルールを決めた条例がつくられました。[*54]

京都市では、「**非居住住宅利活用促進税**」が創設されました。[*55] 2026（令和8）年1月1日以後の日からスタートの予定になっています。

ただし、条例で決めるに過ぎない法定外税の場合、「法律のルールの趣旨などに違反してはいけない」という制約もあります。日本国憲法は、条例はあくまで「法律の範囲内」でのみつくれるとしているからです（日本国憲法94条）。

第九十四条　地方公共団体は、その財産を管理し、事務を処理し、及び行政を執行する権能を有し、法律の範囲内で条例を制定することができる。

そのため、法定外税は、地方税法という法律のルールには用意されていない税というだけで、「地方税法の許容範囲を超えて、自由になんでもつくってよい」というわけではありません。

＊52　産業廃棄物税は、三重県、青森県、岩手県、秋田県、滋賀県、奈良県、新潟県、京都府、宮城県、山口県、福岡県、佐賀県、長崎県、大分県、鹿児島県、宮崎県、熊本県、福島県、愛知県、沖縄県、山形県で導入されています。ほかにも、産業廃棄物処理税（岡山県）、産業廃棄物埋立税（広島県）、産業廃棄物処分場税（鳥取県）、産業廃棄物減量税（島根県）、循環資源利用促進税（北海道）、資源循環促進税（愛媛県）という名前のものもあります。

＊53　法定外税の詳細は、総務省ＨＰ「法定外税の実施状況（令和４年度）」にまとめられています。

＊54　再生可能エネルギー地域共生促進税条例（宮城県条例第34号）。２０２４（令和６）年４月１日から施行されています。

＊55　京都市非居住住宅利活用促進税条例（令和５年４月13日京都市条例第１号）。

実際に、県の財政難を解消するために、期限を区切って臨時的に神奈川県がつくった「**臨時特例企業税**」という法定外税がありました。2001（平成13）年につくられたものです。法定外税をつくるための地方税法のルールに則《のっと》り、当時の手続きは（131頁の注48参照）すべて守って条例でつくられました。そして、対象となる企業の約1700社から、合計で約480億円の支払いを受けていたと報道されています。[*56]

しかし、この税金を支払うことになったある企業1社が、裁判を起こします。結果、最高裁判所で「法律の範囲内」を超えていると判断されてしまいます。こうして、この税金をつくった条例が無効であると判断されました。[*57] こういう例もあるのです。

こういうことがあると、地方自治体としては困ってしまうでしょう。さまざまな手続きを踏み条例をつくって支払いを受けてきた税金なのに、数年以上たってから、裁判所に「その条例は無効です」と判断されてしまうリスクが生じるからです。

前述のように、総務大臣の同意や財務大臣から異議がないことなどの手続きもとっていないと、法定外税の条例はつくることができません。こうした手続きをとってつくったのちに、裁判所に無効とされてしまうリスクは、莫大《ばくだい》といえるでしょう。先ほどの臨時特例企業税は、報道によれば、最高裁まで裁判で争って勝訴をした1社の企業の分だけでなく、それまで支払われてきたすべての企業からの税金を返還しました。

こうしたこともあり、２００４（平成16）年の法改正で、現在では、その法定外税をつくると、税収の10分の1を超える負担をすることになると見込まれる「特定の納税義務者」については、事前に「意見の聴き取り」をすることが必要になっています（１３１頁参照）。

こうした法定外税ですが、総務省が公表しているデータをみると、各自治体の合計額でみると、それなりの税収につながっていることがわかります。

次頁の図表のように、２０２２（令和４）年度の決算額の合計は７３１億円にも上っているからです。もっとも、地方税の税収全体に占める割合は、０・１７％に過ぎません。

さて、本節の冒頭でみた地方税法の条文は、ごく一部のみを引用していました。実際には、次のようになっています。

少し長めの文章になりますが、まずは、(1)道府県の税金（**道府県税**）からみていきましょう。

＊56　日本経済新聞「神奈川県、１７００社に６３５億円返還へ　独自企業税　最高裁が『違法』判決」２０１３年３月21日（ウェブ記事）参照。

＊57　最判平成25年３月21日民集67巻３号４３８頁。

■法定外税の状況

（2024〔令和6〕年4月1日現在）（2022〔令和4〕年度決算額）
（単位：億円）

2022（令和４）年度決算額　731億円　（地方税収額に占める割合0.17%）

1　法定外普通税〔538億円（22件(注1)）〕

［都道府県］

石油価格調整税	沖縄県	9
核燃料税	福井県、愛媛県、佐賀県、島根県、静岡県、鹿児島県、宮城県、新潟県、北海道、石川県	294
核燃料等取扱税	茨城県	12
核燃料物質等取扱税	青森県	195
再生可能エネルギー地域共生促進税	宮城県(注2)	—
計	14件	510

［市区町村］

別荘等所有税	熱海市（静岡県）	5
歴史と文化の環境税	太宰府市（福岡県）	0.6
使用済核燃料税(注3)	薩摩川内市（鹿児島県）、伊方町（愛媛県）、柏崎市（新潟県） むつ市（青森県）施行時期未定(注4)	17
狭小住戸集合住宅税	豊島区（東京都）	3
空港連絡橋利用税	泉佐野市（大阪府）	3
宮島訪問税	廿日市市（広島県）(注2)	—
非居住住宅利活用促進税	京都市（京都府）施行時期未定(注4)	—
計	8件	28

2　法定外目的税〔193億円（45件(注1)）〕

［都道府県］

産業廃棄物税等(注5)	三重県、鳥取県、岡山県、広島県、青森県、岩手県、秋田県、滋賀県、奈良県、新潟県、山口県、宮城県、京都府、島根県、福岡県、佐賀県、長崎県、大分県、鹿児島県、宮崎県、熊本県、福島県、愛知県、沖縄県、北海道、山形県、愛媛県	73
宿泊税	東京都、大阪府、福岡県	40
乗鞍環境保全税	岐阜県	0.1
計	31件	113

［市区町村］

遊漁税	富士河口湖町（山梨県）	0.1
環境未来税	北九州市（福岡県）	12
使用済核燃料税	玄海町（佐賀県）	5
環境協力税等(注6)	伊是名村、伊平屋村、渡嘉敷村、座間味村（沖縄県）	0.3
開発事業等緑化負担税	箕面市（大阪府）	0.5
宿泊税	京都市（京都府）、金沢市（石川県）、倶知安町（北海道）、福岡市（福岡県）、北九州市（福岡県）、長崎市（長崎県）、(注2) ニセコ町（北海道）R6.11.1施行予定	63
計	14件	80

合計：67件（法定外普通税22件(注1)、法定外目的税45件(注1)）／
実施団体数：55団体（34都道府県、21市区町村(注1)）（重複除き）

注１：件数には、2024(令和６)年４月１日現在、条例未施行のものは含んでいない。
注２：再生可能エネルギー地域共生促進税（宮城県）は2024(令和６)年４月１日に、宮島訪問税（廿日市市）は2023(令和５)年９月１日に、宿泊税（長崎市）は2023(令和５)年４月１日に施行されたものであり、2022(令和４)年度の徴収実績はない。
注３：使用済核燃料税（薩摩川内市、伊方町、柏崎市）、使用済燃料税（むつ市）など実施団体により名称に差異があるが、使用済燃料貯蔵施設への使用済燃料の貯蔵を課税客体とするものをまとめてここに掲載している。
注４：使用済燃料税（むつ市）は2022(令和４)年９月６日に、非居住住宅利活用促進税（京都市）は2023(令和５)年３月24日に総務省の同意が行われたが、2024(令和６)年４月１日現在、施行時期は未定である。
注５：産業廃棄物処理税（岡山県）、産業廃棄物埋立税（広島県）、産業廃棄物処分場税（鳥取県）、産業廃棄物減量税（島根県）、循環資源利用促進税（北海道）など、実施団体により名称に差異があるが、最終処分場等への産業廃棄物の搬入を課税客体とすることに着目して課税するものをまとめてここに掲載している。
注６：環境協力税（伊是名村、伊平屋村、渡嘉敷村）、美ら島税（座間味村）など実施団体により名称に差異があるが、地方団体区域への入域を課税客体とするものをまとめてここに掲載している。
注７：四捨五入の関係上、各税目の決算額の合計額が「計」の欄と一致しないことがある。

出典：総務省ＨＰ「法定外税の状況」（2024〔令和６〕年４月１日現在）をもとに一部加工

（道府県が課《か》することができる税目《ぜいもく》）

第四条　道府県税は、普通税及《およ》び目的税とする。

2　道府県は、普通税として、次に掲《かか》げるものを課《か》するものとする。ただし、徴収に要《よう》すべき経費が徴収《ちょうしゅう》すべき税額に比《ひ》して多額であると認められるものその他《た》特別の事情があるものについては、この限《かぎ》りでない。

一　道府県民税

二　事業税

三　地方消費税

四　不動産取得税

五　道府県たばこ税

六　ゴルフ場《じょう》利用税

七　軽油引取《けいゆひきとり》税

八　自動車税

九　鉱区《こうく》税

3　道府県は、前項各号に掲げるものを除く外《ほか》、別に税目を起こして、普通税を課することができる。

4　道府県は、目的税として、狩猟《しゅりょう》税を課するものとする。

5　道府県は、前項《ぜんこう》に規定するものを除《のぞ》くほか、目的税として、水利《すいり》地益《ちえき》税を課することができる。
6　道府県は、前二項《ぜんにこう》に規定するものを除くほか、別に税目を起こして、目的税を課することができる。

この文章を読むと、道府県税の法定税には、次の11があることがわかります。

① 道府県民税（住民税）（→詳細は、第3章4参照）
② 事業税（→詳細は、第3章5参照）
③ 地方消費税（→詳細は、第5章1参照）
④ 不動産取得税（→詳細は、第4章6参照）
⑤ 道府県たばこ税（→詳細は、第5章3参照）
⑥ ゴルフ場利用税（→詳細は、第5章13参照）
⑦ 軽油引取税（→詳細は、第5章14参照）
⑧ 自動車税（→詳細は、第5章9参照）
⑨ 鉱区税（→詳細は、第4章9参照）
⑩ 狩猟税（→詳細は、第5章15参照）

⑪ 水利地益税 〔↓細かいので、本書での詳細解説は省略します[*58]〕

次に、(2)市町村の税金（**市町村税**）についても、地方税法のルールである条文をみてみましょう。

> **（市町村が課することができる税目）**
> 第五条　市町村税は、普通税及び目的税とする。
> 2　市町村は、普通税として、次に掲げるものを課するものとする。ただし、徴収に要すべき経費が徴収すべき税額に比して多額であると認められるものその他特別の事情があるものについては、この限りでない。
> 一　市町村民税《しちょうそんみん》
> 二　固定資産税

*58　水利地益税は、道府県または市町村が、水利に関する事業、都市計画法に基づいて行う事業、林道に関する事業その他土地または山林の利益となるべき事業の実施に要する費用にあてるため、その事業によって特に利益を受ける土地または家屋に対して、その価格または面積を課税標準として課すことができる税金です（地方税法703条1項）。

三　軽自動車税《けいじどうしゃ》
四　市町村たばこ税
五　鉱産税《こうさん》
六　特別土地保有税
3　市町村は、前項に掲げるものを除く外《ほか》、別に税目を起して、普通税を課することができる。
4　鉱泉浴場所在《こうせんよくじょう》の市町村は、目的税として、入湯税《にゅうとう》を課するものとする。
5　指定都市等《していとしとう》（第七百一条の三十一第一項第一号の指定都市等をいう。）は、目的税として、事業所税を課するものとする。
6　市町村は、前二項に規定するものを除くほか、目的税として、次に掲げるものを課することができる。
一　都市計画税
二　水利地益税《すいりちえき》
三　共同施設税《きょうどうしせつ》
四　宅地開発税《たくちかいはつ》
五　国民健康保険税
7　市町村は、第四項及び第五項に規定するもの並びに前項各号に掲げるものを除くほか、別に税目を起こして、目的税を課することができる。

この文章を読むと、市町村税の法定税には、次の「必須のもの」が8つあり、「任意のもの」が5つあることがわかります。

（必須のもの）

① 市町村民税（住民税）　〔→詳細は、第3章4参照〕

② 固定資産税　〔→詳細は、第4章5参照〕

③ 軽自動車税　〔→詳細は、第5章10参照〕

④ 市町村たばこ税　〔→詳細は、第5章3参照〕

⑤ 鉱産税　〔→詳細は、第3章8参照〕

⑥ 特別土地保有税　〔→詳細は、第4章10参照〕

⑦ 入湯税（鉱泉浴場所在の場合）　〔→詳細は、第5章16参照〕

⑧ 事業所税（指定都市等の場合）　〔→詳細は、第4章7参照〕

（任意のもの）

① 都市計画税　〔→詳細は、第4章8参照〕

② 水利地益税〔↓細かいので、本書での詳細解説は省略します〕*59
③ 共同施設税〔↓細かいので、本書での詳細解説は省略します〕*60
④ 宅地開発税〔↓細かいので、本書での詳細解説は省略します〕*61
⑤ 国民健康保険税〔↓細かいので、本書での詳細解説は省略します〕

とても長い文章のルールブックを、読み解きましたね。おつかれさまです。

この地方税法の2つの条文を読んでみると、地方税には、さらに2つの分類があることも、じつはわかります。

その2つとは、なんでしょうか？

この点については、次節で解説をします。

その前に、ここで本節の補足をしておきます。

地方税は、道府県税と市町村税がありましたが、東京都の場合、前者と同じ扱いがされます（**都税**）。また、特別区（東京23区）の場合、後者と同じ扱いがされます（**特別区税**）。

これに対応して、住民税の場合には、道府県民税は**都民税**、市町村民税は**特別区民税**になります。

また、特別区には、特別な制度（**都区財政調整制度**）があり、特別区税のうち、法人特別区民税（第3章4参照）、固定資産税（第4章5参照）、特別土地保有税（第4章10参照）、都市計画税（第4章8参照）、事業所税（第4章7参照）を、都に支払うこととされています（都税）。前三者（**調整税**）などの一定割合は、財源が不足している特別区に交付されます。

＊59 共同施設税は、市町村が、共同作業場、共同倉庫、共同集荷場、汚物処理施設その他これらに類似する施設に要する費用にあてるため、その施設によって特に利益を受ける人に対して課すことができる税金です（地方税法７０３条の2第1項）。

＊60 宅地開発税は、市町村が、宅地開発にともない必要となる道路、水路その他の公共施設の整備に要する費用にあてるため、その市町村の区域で都市計画法で都市計画区域として指定されたもののうち市街化区域内で公共施設の整備が必要とされる地域としてその市町村の条例で定める区域内で権原《けんげん》に基づいて宅地開発を行う人に対し、宅地開発の宅地の面積を課税標準として課すことができる税金です（地方税法７０３条の3第1項）。

＊61 国民健康保険税は、国民健康保険を行う市町村が、その市町村の国民健康保険に関する特別会計で負担する一定の費用にあてるため、国民健康保険の被保険者である世帯主に対して課すことができる税金です（地方税法７０３条の4第1項）。

TAX 5

使い道による分類

前節では、地方税に、法定税と法定外税の2つがあることを説明しました。

これに加えて、前節の最後に掲載した2つの「地方税法」の条文を読んでみると、さらに2つの分類があることがわかるのです。それはなんだか、わかるでしょうか？

条文を読んで、お気づきの方もいるかもしれません。答えをいうと、具体的には「**普通税**」と「**目的税**」という2つの分類です。

では、普通税と目的税には、どのような違いがあるのでしょうか？

まず、「普通税」は、文字どおり、税金の通常のタイプのものを指します。いわば「普通」の「税金」であり、原則的なものです。

ここにいう「普通」とはなんでしょうか？　それは、収入として上がった国や自治体の税収を、どのようなものに使うかが決められていない（基本的には、自由になっている）ということです。通常、**一般会計**に分類されるものです。

つまり、普通税とは、「**税金の使い道が、特に決められていないもの**」になります。

もっとも、普通税でも、特定の財源にあてることが法律や条例のルールで決められているものもあります。

消費税も、財源を社会保障費にあてることが現在では決められているので、普通税ではありますが、「**特定財源**」の税金であると、専門的には説明されています。

これに対して、目的税は、その「**税金の使い道が決められているもの**」です。その税金の使い道とは、専門的な言葉を使うと「使途《しと》」ということになります。使途とは、「使う」と「途（みち）」の2つの漢字の組み合わせでできていますね。

こうした使い道（使途）が、あらかじめ制限された税金が「目的税」です。別の表現をすれば、目的税とは、「税金を使う目的があらかじめ決められている」という意味になります。

目的税の税金の数は少ないですが、たとえば、入湯《にゅうとう》税、事業所税、都市計画税などが、例として挙げられます（第3章～第5章参照）。目的税は、**特別会計**になるのが通常です。

そして逆にいえば、「税金を使う目的が特に決められていないもの」が、通常のタイプの普通の税金、つまり普通税ということになります。

税金の使い道による分類

普通税……税金を使う目的が特に決められていない
目的税……税金を使う目的があらかじめ決められている

こうして考えると、通常のタイプの税金、つまり税金の多くは普通税です。一方で、普通税でありながらも、特定の財源にあてることが決められている「特定財源」の税金もあります。そのあたりは専門的な使い分けになってくるため、ごくわかりやすい大きな視点としては、数の少ない「目的税にはどのようなものがあるのか？」を意識しながら、普通税でも「特定財源」の指定があるものもあることを、知っておくのがよいでしょう。

たとえば、目的税の税金には「**入湯《にゅうとう》税**」があるのですが、このルールが書かれた地方税法に、次のような条文があります。

「鉱泉浴場《こうせんよくじょう》所在の市町村は、環境衛生施設、鉱泉源《こうせんげん》の保護管理施設及《およ》び消防施設その他《た》消防活動に必要な施設の整備並《なら》びに観光の振興《しんこう》（観光施設の整備を含む。）に要《よう》する費用に充《あ》てるため、鉱泉浴場における入湯《にゅうとう》に対し、入湯客《にゅうとうきゃく》に入湯税を課《か》するものとする。[*62]**」**

こうしたルールを読むことで、税金の使い道（目的）が決められている「目的税」であることはわかります。

漢字が多めですが、よく読んでみると、「環境衛生施設」など「に要《よう》する費用に充《あ》てるため……入湯税を課《か》する」とありますから、税制（税法）上、**「ため（に）……課する」**税金として、その使い道（目的）が明記されていることが理解できるでしょう。

もっとも、同じようにいっけんすると「目的」が書いてあるようで、あくまで「特定財源」の指定であり、目的税ではない（普通税である）とされるものもあります。

その代表ともいえるのが、これまで何度か触れてきた「消費税」です。そのルールである条文をみると、次のように書かれています。

「消費税の収入については、地方交付税法（昭和25年法律第２１１号）に定めるところによるほか、毎年度《まいねんど》、制度として確立された年金、医療及《およ》び介護の社会保障給付並《なら》びに少子化に対処《たいしょ》するための施策《しさく》に要する経費に充《あ》てるものとする。[*63]」

＊62　地方税法７０１条の条文です。
＊63　消費税法１条２項の条文です。

このように消費税は、その「収入（税収）」が、「制度として確立された年金、医療及び介護の社会保障給付並びに少子化に対処するための施策に要する経費」、つまり社会保障のためにかかる費用（**社会保障4経費**）にあてることが、現在では決められています。

2013（平成25）年の改正で明記されたのですが、これを「消費税の社会保障目的税化」と呼ぶことがあります。そうすると、消費税も税金の使い道（目的）が決められた「目的税」ではないかと思われるかもしれません。しかし、違いは、細かな書きぶりにあらわれています。先ほどの入湯税が地方税法上、「ため（に）……課する」目的税だったのに対し、この消費税の条文はその「収入」を社会保障費「に充《あ》てる」こと、つまり「特定の財源」になることを指定しているに過ぎません。

こうした「特定財源」と呼ばれる指定のある「普通税」は、専門的には普通税でも、**実質的には「目的税」に近い**ということもできます。

専門的には、税制（税法）上、使途が制限されていなくても、他の法律で財政上、特定の財源になるとされているものが、特定財源であると説明されています。

さて、「目的税」として挙げた例の入湯税は、「地方税」でした。地方税の場合は、地方税法という大枠を定めたルールのなかで、前節でみた条文にあるように、これは「普通税」として定めなければいけない、あるいは、これは「目的税」になる、といった指定があります。

前節の最後のほうに掲載した条文(1)(地方税法4条)をみると、道府県の税金(道府県税)は、次の内容であることがわかります。

・道府県税には、普通税と目的税の2つがある(地方税法4条1項)
・道府県は、普通税として、①道府県民税(住民税)、②事業税、③地方消費税、④不動産取得税、⑤道府県たばこ税、⑥ゴルフ場利用税、⑦軽油引取税、⑧自動車税、⑨鉱区税を、原則として必ずとる(同条2項)
・道府県は、この①~⑨のほかに、別の税金を普通税としてとることもできる(同条3項)
・道府県は、目的税として、⑩狩猟税を必ずとり、⑪水利地益税をとることもできる(同条4項、5項)
・道府県は、この⑩と⑪のほかに、別の税金を目的税としてとることもできる(同条6項)

ここでの用語を整理していくと、次頁下に図示したように4つの種類による「たすきがけ」が、地方税にはあることがわかります。これは、いまみた道府県税だけでなく、次にみる市町村税も同じです。この「たすきがけ」から、①「法定税であり普通税であるもの」、②「法定税であり目的税であるもの」、③「法定外税であり普通税であるもの」、④「法定外税であり目的税であるもの」の4つの種類に結びつきます。これらを専門的には、順に、次のように呼びます。

・①「法定税であり普通税であるもの」（法定税＋普通税）
→ **法定普通税**

・②「法定税であり目的税であるもの」（法定税＋目的税）
→ **法定目的税**

・③「法定外税であり普通税であるもの」（法定外税＋普通税）
→ **法定外普通税**

・④「法定外税であり目的税であるもの」（法定外税＋目的税）
→ **法定外目的税**

これを前提にすると、道府県税は、次のように整理することができるでしょう。

○ **法定普通税**：①道府県民税（住民税）、②事業税、③地方消費税、④不動産取得税、⑤道府県たばこ税、⑥ゴルフ場利用税、⑦軽油引取税、⑧自動車税、⑨鉱区税（いずれも必須）

○ **法定外普通税**：条例で決める

■地方税の４つの種類によるたすきがけ

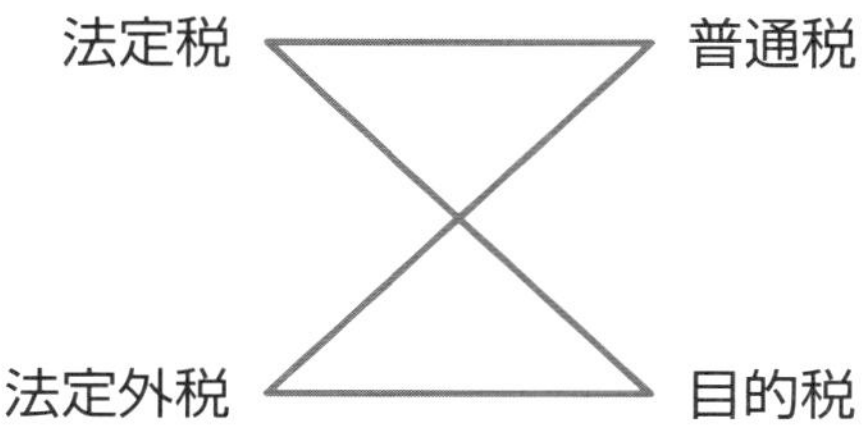

○ **法定目的税**：⑩狩猟税（必須）、⑪水利地益税（任意）
○ **法定外目的税**：条例で決める

同じように、前節の最後に挙げた条文(2)（地方税法5条）をみると、市町村の税金（市町村税）は、次のような内容であることがわかります。

- ・市町村税には、普通税及び目的税の2つがある（地方税法5条1項）
- ・市町村は、普通税として、①市町村民税、②固定資産税、③軽自動車税、④市町村たばこ税、⑤鉱産税、⑥特別土地保有税を、原則として必ずとる（同条2項）
- ・市町村は、この①〜⑥のほかに、別の税金を普通税としてとることもできる（同条3項）
- ・鉱泉浴場所在の市町村は、目的税として⑦入湯税を必ずとり、指定都市等は目的税として⑧事業所税を必ずとる（同条4項、5項*64）
- ・市町村は、この⑦と⑧のほかに、目的税として、⑨都市計画税、⑩水利地益税、⑪共同施設税、⑫宅地開発税、⑬国民健康保険税をとることもできる（同条6項）
- ・市町村は、この⑦〜⑬のほかに、別の税金を目的税としてとることもできる（同条7項）

これを前提に、道府県税と同じように市町村税をさらに整理すると、次のようになります。

○ **法定普通税**：①市町村民税、②固定資産税、③軽自動車税、④市町村たばこ税、⑤鉱産税、⑥特別土地保有税（いずれも必須）

○ **法定外普通税**：条例で決める

○ **法定目的税**：⑦入湯税、⑧事業所税（いずれも条件を満たせば必須）、⑨都市計画税、⑩水利地益税、⑪共同施設税、⑫宅地開発税、⑬国民健康保険税（いずれも任意）

○ **法定外目的税**：条例で決める

地方税法には、じつにたくさんの税金が登場しますね。

本節では、地方税についての税金の種類をみました。これで税金の通常の分類は、終わりになります。

最後に残った種類として、特殊な場面にかかってしまう税金があります。ルールを守らなかった場合に発生する税金なのですが、これは次節で解説します。

＊64　**指定都市等**とは、いわゆる政令指定都市など人口30万人以上の指定都市のことです。正確には、地方税法701条の31第1項1号に定義があり、①**政令指定都市**（地方自治法252条の19第1項の定める政令で指定する人口50万人以上の市）、②①に掲《かか》げる市以外の市で首都圏整備法《しゅとけんせいびほう》2条3項に規定する既成市街地《きせいしがいち》または近《きん》畿《き》圏整備法《けんせいびほう》2条3項に規定する既成都市区域を有するもの、③①及び②に掲げる市以外の市で人口（官報《かんぽう》で公示された最近の国勢調査《こくせいちょうさ》の結果による人口その他《た》これに準ずるものとして政令で定める人口のこと）30万以上のもののうち政令で指定するものとされています。

TAX 6

メインか、サブかによる分類

税金の種類について、この章では、さまざまな視点からの分類をみてきました。

最後に、少し独特な分類ですが、「**メインの税金**」なのか、「**サブの税金**」なのかという分類もみておきましょう。

結論からいえば、これまでみてきた税金のほとんどが、「メインの税金」になっています。

メインの税金とは、専門的には「**本税**《ほんぜい》」と呼ばれるもので、税金の「本体」部分を指しています。

そうすると、税金には「本体」部分があって、逆に、税金「本体」とは違うものがあるのかと思われたかもしれません。

本体としての税金（本税）とは別に、これに付随《ふずい》して別の税金が発生することは、通常の場面ではありません。あくまで、法律のルールにある「**期限**」を守らなかった人がいた場合の場面になります。いわゆる「追徴の課税」（**追徴課税**）の場面に登場するのが、メインとサブという種類なのです。

第1章で、加算税と延滞税に触れたときがありました（第1章5参照）。

これは期限を守らないで、税金のルールに違反した場合に、メインである本体の税金（本税）に加えて、いわばペナルティー（制裁）としてサブで別に発生するものになります。

ですから、「サブの税金」は、税金のルール違反があった場合に生じる特殊なものだと考えていただければよいです。

サブの税金といいましたが、専門的にいうと、本税に追加的に附帯《ふたい》するという意味で、「**附**《ふ》**帯税**《たいぜい》」といいます。少しむずかしい言葉が使われていますが、付随《ふずい》するというときに「付《ふ》」に、こざと辺がついた、むずかしいほうの漢字になります。

メインの税金（本税）……………本体としての税金
サブの税金（附帯税）……………税金のルール違反があった場合に生じる特殊なもの

サブの税金である「附帯税」としては、加算税、延滞税のほかに、過怠《かたい》税や利子税がありま す。

なお、附帯税と似たものに「**附加税**《ふか》」という分類もあります。これは、あとでみる復興特別所得税（第3章2参照）のように、所得税という税金にさらに税率をかけるように、他の税金そのものを課税の対象（課税標準等）としてとらえるものです。

この点で、他の税金から独立して計算される通常の税金は、「**独立税**」と呼ばれます。ほとんどの税金は、この「独立税」にあたります。附加税は、他の税金の対象（課税標準や税率）に、さらに税金をかけるものだからです（第3章〜第5章参照）。

TAX

第3章

所得に対する税金には、どのようなものがあるのか？

税収の額やランキングなどは、次の資料を参照しました。①国税は、寺﨑寛之編著『図説日本の税制〔令和4年度版〕』（財経詳報社、2023年）掲載の資料「国税収入の構成の累年比較」、税務大学校研究部編『税務署の創設と税務行政の100年』（大蔵財務協会、1996年）掲載の参考資料「租税及び印紙収入」、国税庁HP「統計年報」の「決算額（一般会計分）の累年比較」、②地方税は、総務省HP「令和6年度　地方税に関する参考計数資料」の「10地方税の税目別収入額及びその割合の推移（その1〜8）」です。

税収ランキングの順位は、それぞれの資料に掲載された税金のなかで比較して計算をしました。そのため、地方税の場合は、道府県税・市町村税ともに、法定外普通税と法定外目的税、道府県固定資産税も、便宜的に1つの税金としてカウントされた税収ランキングになっています。

上記各資料の関係から、税収ランキングの対象期間は、①国税は1899（明治32）年度から2022（令和4）年度、②地方税は1950（昭和25）年度から2022（令和4）年度になっています（最新の順位は、2022（令和4）年度）。一般の決算額（税収）の統計データに記載のないものは、国税庁HP「国税庁統計年報」の「租税及び印紙収入」にある内訳を参照しました。

各税金の概要については、財務省HP、総務省HP「地方税制度」なども参照しています。

TAX 1

所得税

所得税は、わたしたちにとって、最も身近な税金といえます。勤務先やバイト先からもらった給料など、**個人が得た所得（利益）**に対してかかる国税だからです。

累進税率が採用されており、所得が増えると税率もアップします。ただ、退職金やマイホームを売った場合など、一時に大きな所得を得た場合でも、かかる税金がかなり低くなる生活への配慮もされています。**基礎控除**、**配偶者控除**、**扶養控除**、**生命保険料控除**などの所得を減らすことができる配慮も多くあります。最近ではＮＩＳＡによって、株式などの投資に対する税金に課税されない枠（**非課税枠**）が拡大されるなどの優遇措置もあります。

１８８７（明治20）年に創設されてから、所得税は時間をかけて定着し、やがて当時の税収1位だった地租や酒税を抜きます。１９１８（大正７）年に国税収入のトップになると、平成時代にスタートした消費税の税率が10％になるまで、国税収入で圧倒的多数の1位を記録したのが所得税です。いまでも消費税につぐ国税2位の税収があります。

個人事業主などが行う確定申告により支払う「**申告所得税**」と、勤め先が給与を支払うときに天引きして税務署に支払う「**源泉所得税**」の2種類があります。

◆税金の概要

・もらう相手などによる分類

国税・地方税（道府県税・市町村税、法定税・法定外税）

・性質などによる分類

収得税・財産税・消費税・流通税（**直接税**・間接税）

・使い道による分類

普通税・目的税

・発生する場面

勤務先の会社からもらった給料や、マンションなどの不動産を売って得た利益、競馬で当選した場合の払戻金など、個人が所得（利益）を得た場合に発生する。

・税収ランキング（最新の順位）とその額（税収全体に占める割合）

国税・地方税（**国税：第2位**）**22兆5216億6100万円（31・7％）**

◆現在の根拠法令　所得税法（昭和40年法律第33号）

◆創設年　1887（明治20）年

◆過去の税収ランキングトップ獲得状況（国税の1位獲得数：76回）

初トップは、1918（大正7）年度。1位獲得年は、1918（大正7）〜1922（大正11）年度（5年連続）、1925（大正14）年度、1935（昭和10）〜1956（昭和31）年度（22年連続）、1965（昭和40）〜1966（昭和41）年度（2年連続）、1968（昭和43）年度、1971（昭和46）〜1973（昭和48）年度（3年連続）、1975（昭和50）〜1977（昭和52）年度（3年連続）、1979（昭和54）〜1987（昭和62）年度（9年連続）、1989（平成元）〜2005（平成17）年度（17年連続）、2007（平成19）〜2019（令和元）年度（13年連続）。

◆物（対象・客体）　個人の所得（利益）

◆人（主体）　所得を得た個人

◆（税率をかけるための）数値化

課税の対象になる所得の金額（収入から経費などを差し引く）

◆**税率**

累進税率（7段階）：

195万円以下の金額　5％

195万円を超え330万円以下の金額　10％

330万円を超え695万円以下の金額　20％

695万円を超え900万円以下の金額　23％

900万円を超え1800万円以下の金額　33％

1800万円を超え4000万円以下の金額　40％

4000万円を超える金額　45％

◆**税金の額を決める方法**

確定申告による方法・税務署などが賦課する方法・自動で確定する方法

※**申告所得税**：確定申告による方法、**源泉所得税**：自動で確定する方法

TAX 2

復興特別所得税

復興特別所得税は、２０１１（平成23）年の東日本大震災の復興にあてるためにつくられた目的税で、「**復興特別税**」の１つです。当初は、企業が支払う法人税の附加税として、「**復興特別法人税**」もつくられたのですが、現在では役割を終えています。

復興特別所得税も、復興特別法人税と同じで、特定の時期のみに発生することが定められた時限的な税金です。２０１３（平成25）年から２０３７（令和19）年まで、所得税に付加されるかたちで発生します。

いわゆる「**附加税**」（第2章6参照）として所得税額の２・１％の税率になる復興特別所得税は、確定申告によって支払う「申告所得税」の場合だけでなく、給与などの支払いを受ける際に会社などが天引きして税務署に支払う「源泉所得税」の場合にも発生します。現在、所得税を支払うとなれば、この復興特別所得税もワンセットで支払うことになっています。

◆税金の概要

・もらう相手などによる分類

国税・地方税（道府県税・市町村税、法定税・法定外税）

・性質などによる分類

収得税・財産税・消費税・流通税（**直接税**・間接税）

・使い道による分類

普通税・**目的税**（目的：復興費用および償還費用の償還に要する費用の財源にあてる）

・発生する場面　個人が所得税を支払う場合に発生する。

・税収ランキング（最新の順位）とその額（税収全体に占める割合）

国税・地方税（国税〔特別会計〕第３位）４７０５億４４００万円（０・６％）（※）

（※）２０２２（令和４）年度決算額

◆現在の根拠法令

東日本大震災からの復興のための施策を実施するために必要な財源の確保に関する特別措置法（平成23年法律第１１７号）

◆創設年　２０１１（平成23）年

◆過去の税収ランキングトップ獲得状況（1位獲得数：0回）

◆物（対象・客体）
個人の所得税額（２０１３〔平成25〕年分から２０３７〔令和19〕年分まで）

◆人（主体）　所得税を支払う個人

◆（税率をかけるための）数値化　基準となる所得税額

◆税率　比例税率：２・１％（基本的な税率）

◆税金の額を決める方法
確定申告による方法・税務署などが賦課する方法・自動で確定する方法
確定申告による方法：申告所得税、**自動で確定する方法**：源泉所得税

TAX 3

法人税

法人税は、企業などの**法人が得た所得**（**利益**）に対する国税です。法人であれば原則として、その**事業年度に所得がある**（**経営成績が黒字で利益が生じる**）限り、法人税を支払うことが必要になります（過去の赤字のマイナス分を、黒字の事業年度の所得から差し引くことも認められています。そのため、その年が黒字でも、必ずしも法人税を支払うことにはなりません）。ただし、**宗教法人や学校法人などの公益法人等**は、収益事業を営む場合に限り支払いが必要になり、**法人税が原則として非課税**になります。

所得税と異なり、法人税は累進税率ではありません。**比例税率**で、**23・2％が基本的な税率**になっています。国際競争の観点から、諸外国なみの税率にするべくいっとき日本の法人税は引き下げが続きました。そのため、3つの主要な国税（所得税、法人税、消費税）のなかでは、税収は近年それほど伸びず、消費税、所得税につぐ第3位の税収にとどまっています。

法人税は、会計の決算を終えたあと、これに基づき確定申告をすることで支払います。

◆税金の概要

・もらう相手などによる分類

国税・地方税（道府県税・市町村税、法定税・法定外税）

・性質などによる分類

収得税・財産税・消費税・流通税（直接税・間接税）

・使い道による分類

普通税・目的税

・発生する場面

会社などの法人が所得（利益）を得た場合に発生する。

・税収ランキング（最新の順位）とその額（税収全体に占める割合）

国税・地方税（国税：第３位）14兆９３９７億９７００万円（21・０％）

◆現在の根拠法令　法人税法（昭和40年法律第34号）

◆創設年　１９４０（昭和15）年

◆**過去の税収ランキングトップ獲得状況（1位の獲得数：15回）**

初トップは、1957（昭和32）年度。1位獲得年は、1957（昭和32）～1964（昭和39）年度（8年連続）、1967（昭和42）年度、1969（昭和44）～1970（昭和45）年度（2年連続）、1974（昭和49）年度、1978（昭和53）年度、1988（昭和63）年度、2006（平成18）年度。

◆**物（対象・客体）**　法人の所得（利益）

◆**人（主体）**　所得を得た法人

◆**（税率をかけるための）数値化**　課税の対象になる所得の金額（収入から経費を差し引く）

◆**税率**　比例税率：23・2％（基本的な税率）

◆**税金の額を決める方法**

確定申告による方法・税務署などが賦課する方法・自動で確定する方法

TAX 4

住民税

住民税は、わりと身近に聞く税金だと思います。個人の場合は賦課《ふか》されるため、自分で計算する機会がありません。所得税や法人税と違うのは、個人や法人が得た「所得」（利益）をベースにしながら発生する「**地方税**」である点です。

住民税は、現在、道府県税の第2位の税収があり5兆円を超え、市町村税としては第1位の税収を記録し10兆円を超えています。

個人に発生する住民税は、単に「**住民税**」と呼ばれることも「**個人住民税**」と呼ばれることもあります。これに対して、会社などの法人が支払う住民税は「**法人住民税**」と呼ばれ、個人が支払う住民税と区別されることが多いです。住民税には「**均等割**《きんとうわり》」もあるため、住民であることで、「所得」にかかわらず発生する部分もあります。

賦課された個人住民税は、個人事業主の場合は自分で支払うことになります。会社員などの勤め先がある人は、給与の支払いのときに差し引かれ、勤め先が支払うことになります。これに対して、法人住民税は、法人自身が確定申告をして支払うことになります。

◆税金の概要

・もらう相手などによる分類

国税・**地方税**（**道府県税**・**市町村税**、**法定税**・法定外税）

道府県民税（道府県税）と市町村民税（市町村税）の２つがあり、合わせて住民税と呼ばれている。住民は市町村に「道府県民税」と「市町村民税」を合わせた住民税を支払い、市町村は「道府県民税」の部分を道府県に支払う。

・性質などによる分類

収得税・財産税・消費税・流通税（**直接税**・間接税）

・使い道による分類

普通税・目的税

・発生する場面

個人がその市町村に住所をもつ場合、法人がその市町村（都道府県）に事務所などをもつ場合に発生する。

個人が支払う住民税は「個人住民税」、法人が支払う住民税は「法人住民税」とも呼ばれる。

・税収ランキング（最新の順位）とその額（税収全体に占める割合）

国税・**地方税**（**道府県税：第2位**）**5兆5640億3700万円（26・8％）**

（市町村税：第1位）10兆6161億8700万円（45・5％）

◆現在の根拠法令　地方税法（昭和25年法律第226号）＋各自治体の税条例

◆創設年　道府県民税は、1954（昭和29）年。市町村民税は、1950（昭和25）年

◆過去の税収ランキングトップ獲得状況（道府県税の1位獲得数：16回）
（市町村税の1位獲得数：49回）

道府県民税の初トップは、2000（平成12）年度。1位獲得年は、2000（平成12）～2001（平成13）年度、2007（平成19）～2020（令和2）年度（14年連続）。
市町村民税の初トップは、1964（昭和39）年度。1位獲得年は、1964（昭和39）～1997（平成9）年度（34年連続）、2006（平成18）～2009（平成21）年度（4年連続）、2012（平成24）～2022（令和4）年度（11年連続）

◆物（対象・客体）
個人住民税：個人の前年の所得（利益）、法人住民税：法人が支払った法人税

◆人（主体）

その年の1月1日時点で市町村（都道府県）に住所がある個人、事務所などがある法人

◆（税率をかけるための）数値化

（個人住民税）課税の対象になる均等割と前年の課税の対象となる所得の金額

（法人住民税）課税の対象になる均等割と法人税の額

（注）個人住民税の道府県民税には、株式などの利益について発生するものとして、利子割、配当割、株式等譲渡所得割もある。

◆税率

（個人住民税）

均等割：一定額の税率（標準的な税率）

道府県民税：1000円

市町村民税：3000円。軽減された税率あり。

所得割：比例税率（標準的な税率）

道府県民税：4％（政令指定都市は2％）

市町村民税：6％（政令指定都市は8％）

（法人住民税）

均等割：一定額の税率（標準的な税率）

道府県民税：資本金などの額で5つの区分ごとに額が決まる

市町村民税：資本金などの額や従業者の数で9つの区分ごとに額が決まる

法人税割：比例税率（標準的な税率）

道府県民税：1%。上限としての税率は2%

市町村民税：6%。上限としての税率は8・4%

◆税金の額を決める方法

確定申告による方法・**税務署などが賦課する方法**・自動で確定する方法

確定申告による方法：法人住民税

税務署などが賦課する方法：個人住民税（普通徴収と特別徴収）

TAX 5

事業税

事業税は、事業を行う者に発生する**地方税**です。事業による所得には、個人であれば所得税が、会社などの法人であれば法人税が発生しますが、これらは国税です。事業を行う者には、こうした国税としての所得税または法人税とは別に、道府県税としての事業税も支払いが必要になります。個人が支払う事業税を「**個人事業税**」といい、法人が支払う事業税を「**法人事業税**」といいます。個人事業税の場合は、事業所得の金額に事業ごとに定められた税率をかけるのですが、**事業所得の金額が290万円までであれば、事業税は発生しません**（**事業主控除**）。資本金1億円超の普通法人の法人事業税は、**所得割**だけでなく、**付加価値割**、**資本割**もあるため（**外形標準課税**）、赤字でも税金が発生します。

事業税は、5兆円の税収があります。道府県税の税収1位の獲得回数は50回を超え、地方税で重要な役割を果たしています。

個人事業税の場合は、所得税の確定申告をベースに賦課された税金を支払います。法人事業税の場合は、申告により税金を支払います。

◆税金の概要

・もらう相手などによる分類

国税・地方税（道府県税・市町村税、法定税・法定外税）

・性質などによる分類

収得税・財産税・消費税・流通税（直接税・間接税）

・使い道による分類

普通税・目的税

・発生する場面

個人や法人が事業を行う場合に発生する。

個人事業税：個人の場合、法人事業税：法人の場合

・税収ランキング（最新の順位）とその額（税収全体に占める割合）

国税・地方税（道府県税：第3位）5兆5003万1600万円（26・5％）

◆現在の根拠法令　地方税法（昭和25年法律第226号）＋各自治体の税条例

◆創設年　1948（昭和23）年。前身は、1896（明治29）年創設の営業税。

◆過去の税収ランキングトップ獲得状況（道府県税の1位獲得数：55回）
初トップは、1950（昭和25）年度。1位獲得年は、1950（昭和25）～1999（平成11）年度（50年連続）、2002（平成14）～2006（平成18）年度（5年連続）。

◆物（対象・客体）　個人や法人が行う事業

◆人（主体）　事業を行う個人や法人

◆（税率をかけるための）数値化

（個人事業税）
課税の対象になる前年の個人の事業の所得の金額

（法人事業税）
①**付加価値割**：その事業年度の付加価値額
②**資本割**：その事業年度の資本金などの額
③**所得割**：その事業年度の所得
④**収入割**：その事業年度の収入金額

◆**税率**

（個人事業税）

比例税率（標準的な税率）：

①第一種事業を行う個人[*65]　５％

②第二種事業を行う個人[*66]　４％

③第三種事業（次の④の特定の事業を除く）を行う個人[*67]　５％

＊65　第一種事業とは、物品販売業（動植物その他通常物品といわないものの販売業を含む）、保険業、金銭貸付業、物品貸付業（動植物その他通常物品といわないものの貸付業を含む）、不動産貸付業、製造業（物品の加工修理業を含む）、電気供給業、土石採取業、電気通信事業（放送事業を含む）、運送業、運送取扱業、船舶定係場業、倉庫業（物品の寄託を受け、これを保管する業を含む）、駐車場業、請負業、印刷業、出版業、写真業、席貸業、旅館業、料理店業、飲食店業、周旋業、代理業、仲立業、問屋業、両替業、公衆浴場業、演劇興行業、遊技場業、遊覧所業、これらに類する事業とされています（地方税法72条の2第8項）。

＊66　第二種事業とは、畜産業、水産業、これらに類する事業とされています（地方税法72条の2第9項）。

＊67　第三種事業とは、医業、歯科医業、薬剤師業、あん摩、マッサージ又は指圧、はり、きゅう、柔道整復その他の医業に類する事業、獣医業、装蹄師業、弁護士業、司法書士業、行政書士業、公証人業、弁理士業、税理士業、公認会計士業、計理士業、社会保険労務士業、コンサルタント業、設計監督者業、不動産鑑定業、デザイン業、諸芸師匠業、理容業、美容業、クリーニング業、公衆浴場業、これらに類する事業とされています（地方税法72条の2第10項）。

④第三種事業のうち特定の事業（※）を行う個人　３％

（※）あん摩、マッサージ又は指圧、はり、きゅう、柔道整復その他の医業に類する事業、装蹄師業

①～④に１・１をかけた率が、上限としての税率。

（法人事業税）

一定額の税率＋累進税率（標準的な税率）：次のように、事業ごとに決められている。

（例）

資本金１億円超の普通法人：（付加価値額の１・２％）＋（資本金等の額の０・５％）＋（所得の１％）

資本金１億円以下の普通法人・公益法人等：所得のうち、４００万円以下は３・５％、４００万円超８００万円以下は５・３％、８００万円超は７％、上限としての税率あり。

◆税金の額を決める方法

確定申告による方法・税務署などが賦課する方法・自動で確定する方法

確定申告による方法：法人事業税、**税務署などが賦課する方法**：個人事業税

TAX 6

地方法人税

地方法人税は、**地方交付税の財源を確保するための国税**で、法人が法人税を支払う場合に発生する税金です。特別会計のなかでの税収は2位で、約2兆円あります。

地方法人税は、２０１４（平成26）年に**地方法人税法**がつくられて創設されたあたらしい税金です。課税の対象になる法人税の額に10・３％の税率をかけるもので、法人税の**附加税**です。

２０１６（平成28）年の改正で、それまで４・４％でスタートしていた地方法人税の税率は５・９％引き上げられ、２０１９（令和元）年10月１日以後に開始する課税事業年度から10・３％になりました。税収は、地方交付税の原資になります。

地方法人税が創設されてから、法人は事業年度ごとに法人税の確定申告をするだけでなく、地方法人税の確定申告をすることも必要になりました。地方法人税は、申告により支払う税金です。

◆税金の概要

・もらう相手などによる分類

国税・地方税（道府県税・市町村税、法定税・法定外税）

・性質などによる分類

収得税・財産税・消費税・流通税（直接税・間接税）

・使い道による分類

普通税・目的税（特定財源：地方交付税の財源を確保するため）

・発生する場面

法人が法人税を支払う場合に発生する。

・税収ランキング（最新の順位）とその額（税収全体に占める割合）

国税・地方税（国税〔特別会計〕第２位）１兆８８７５億３２００万円（２・４％）（※）

（※）２０２２（令和４）年度決算額

◆現在の根拠法令　地方法人税法（平成26年法律第11号）

◆創設年　２０１４（平成26）年

◆過去の税収ランキングトップ獲得状況（１位獲得数：０回）

◆物（対象・客体）　法人が支払う法人税の額

◆人（主体）　法人税を支払う法人

◆（税率をかけるための）数値化　課税の対象になる法人税の額

◆税率
比例税率：10・3％（2019〔令和元〕年前に開始した事業年度は4・4％）

◆税金の額を決める方法
確定申告による方法・税務署などが賦課する方法・自動で確定する方法

TAX 7

特別法人事業税

特別法人事業税は、**地方税の税源の偏《かたよ》りを正すための特定財源の国税**です。特別法人事業税は国税ですが、都道府県に「**特別法人事業譲与税**《じょうよ》」として財源を譲《ゆず》り与《あた》えます。

特別法人事業税は、２０１９（平成31）年に「特別法人事業税及び特別法人事業譲与税に関する法律」がつくられて、あらたに創設された税金です。特別会計のなかでの税収は１位で、２兆円を超えます。

特別法人事業税は、課税の対象の割合の額（所得割額）と収入の割合の額（収入割額）に、法人ごとに定められた税率（比例税率）をかけることで計算されます。

特別法人事業税は、確定申告により税金を支払います。

◆税金の概要

・もらう相手などによる分類

国税・地方税（道府県税・市町村税、法定税・法定外税）

（注）国が都道府県に特別法人事業譲与《じょうよ》税として財源を譲《ゆず》り与《あた》える国税（譲与税）

・**性質などによる分類**

収得税・財産税・消費税・流通税（**直接税**・間接税）

・**使い道による分類**

普通税・目的税（特定財源：地方税の税源の偏在性の是正をするため）

・**発生する場面**

法人に発生する。

・**税収ランキング（最新の順位）とその額（税収全体に占める割合）**

国税・地方税（**国税〔特別会計〕第1位）2兆1691億3600万円（2・8％）（※）**

（※）2022（令和4）年度決算額

◆**現在の根拠法令**

特別法人事業税及び特別法人事業譲与税に関する法律（平成31年法律第4号）

◆**創設年　2019（平成31）年**

◆**過去の税収ランキングトップ獲得状況（1位獲得数：0回）**

◆物（対象・客体） 法人の基準となる所得と収入の割合の額

◆人（主体） 法人

◆（税率をかけるための）数値化
課税の対象になる所得の割合の額（所得割額）と収入の割合の額（収入割額）

◆税率
比例税率：対象の法人ごとに税率が決められている。
たとえば、
付加価値割額、資本割額、所得割額の合算額で事業税が発生する法人　100分の260
所得割額により事業税が発生する法人　100分の37
収入割額により事業税が発生する法人　100分の30

◆税金の額を決める方法
確定申告による方法・税務署などが賦課する方法・自動で確定する方法

TAX 8

鉱産税

鉱産税《こうさんぜい》は、マイナーな税金ですが、**鉱物**《こうぶつ》**の掘採**《くっさい》**の事業を行う場合に発生する地方税**です。市町村税のなかで10位の税収で、16億円程度あります。

鉱産税は、その市町村に事業の作業場がある鉱業《こうぎょう》をする人に発生します。鉱物の価格に1％（基本的な税率）の比例税率をかけて計算します。**鉱物**については、**鉱業法**に定義があり、「金鉱、銀鉱、銅鉱、鉛鉱、ビスマス鉱、すず鉱、アンチモン鉱、亜鉛鉱、鉄鉱、硫化鉄鉱、クロム鉄鉱、マンガン鉱、タングステン鉱、モリブデン鉱、砒《ひ》鉱、ニッケル鉱、コバルト鉱、ウラン鉱、トリウム鉱、希土類金属鉱、りん鉱、黒鉛、石炭、亜炭、石油、アスファルト、可燃性天然ガス、硫黄、石膏《せっこう》、重晶石、明ばん石、蛍石、石綿、石灰石、ドロマイト、けい石、長石、ろう石、滑石、耐火粘土（ゼーゲルコーン番号三十一以上の耐火度を有するものに限る。略）及び砂鉱（砂金、砂鉄、砂すずその他沖積鉱床をなす金属鉱をいう。略）をいう」とされています（同法3条1項）。

鉱産税は、確定申告により支払う税金です。

◆税金の概要

・もらう相手などによる分類

国税・**地方税**（道府県税・**市町村税**、**法定税**・法定外税）

・性質などによる分類

収得税・財産税・消費税・流通税（**直接税**・間接税）

（注）財務省の分類では、「消費課税」。

・使い道による分類

普通税・目的税

・発生する場面

鉱物《こうぶつ》の掘採《くっさい》の事業を行う場合に発生する。

・税収ランキング（最新の順位）とその額（税収全体に占める割合）

国税・**地方税**（市町村税：第10位）16億0500万円（0%）

◆現在の根拠法令　地方税法（昭和25年法律第226号）＋各自治体の税条例

◆創設年　1950（昭和25）年。前身は、営業税など。

◆過去の税収ランキングトップ獲得状況（市町村税の1位獲得数：0回）

◆物（対象・客体）　鉱物の掘採の事業

◆人（主体）　事業の作業場がその市町村にある鉱業《こうぎょう》をする人

◆（税率をかけるための）数値化　鉱物の価格

◆税率

比例税率（標準的な税率）：1%。0・7%の軽減された税率あり。

上限としての税率は1・2%（軽減された税率は0・9%）。

◆税金の額を決める方法

確定申告による方法・税務署などが賦課する方法・自動で確定する方法

TAX

第4章

資産に対する税金には、どのようなものがあるのか？

税収の額やランキングなどは、次の資料を参照しました。①国税は、寺﨑寛之編著『図説日本の税制〔令和4年度版〕』（財経詳報社、2023年）掲載の資料「国税収入の構成の累年比較」、税務大学校研究部編『税務署の創設と税務行政の100年』（大蔵財務協会、1996年）掲載の参考資料「租税及び印紙収入」、国税庁HP「統計年報」の「決算額（一般会計分）の累年比較」、②地方税は、総務省HP「令和6年度　地方税に関する参考計数資料」の「10地方税の税目別収入額及びその割合の推移（その1～8）」です。

税収ランキングの順位は、それぞれの資料に掲載された税金のなかで比較して計算をしました。そのため、地方税の場合は、道府県税・市町村税ともに、法定外普通税と法定外目的税、道府県固定資産税も、便宜的に1つの税金としてカウントされた税収ランキングになっています。

上記各資料の関係から、税収ランキングの対象期間は、①国税は1899（明治32）年度から2022（令和4）年度、②地方税は1950（昭和25）年度から2022（令和4）年度になっています（最新の順位は、2022〔令和4〕年度）。一般の決算額（税収）の統計データに記載のないものは、国税庁HP「国税庁統計年報」の「租税及び印紙収入」にある内訳を参照しました。

各税金の概要については、財務省HP、総務省HP「地方税制度」なども参照しています。

TAX 1

相続税

相続税は、1905(明治38)年に**日露戦争の戦費を調達するためにつくられた税金**です。日本では、個人が死亡して遺産相続が起きると、その**遺産を承継した相続人に相続税が発生することになります**。諸外国には相続税のかからない国もあります。日本では、相続によって取得する財産は、所得税の対象になる所得(利益)でもあります。そこで、二重に税金が発生しないよう、相続により取得した財産には所得税をかけないルールが、所得税法にあります。**相続税の累進税率は、所得税より高い**です。**富の再分配**を行うためです。

相続税の税収は、主要な国税のなかでは低く、約3兆円に過ぎません。相続税が実際にかかるのは、資産が多く遺されたケースに限られるからです。**基礎控除**(3000万円+600万円×法定相続人の数)や、**配偶者の特別な軽減措置**(1億6000万円または法定相続分相当額)などがあるからです。

相続税は、**相続開始(死亡)から10か月以内**に行う確定申告によって支払います。

◆税金の概要

・もらう相手などによる分類　国税・地方税（道府県税・市町村税、法定税・法定外税）

・性質などによる分類　収得税・財産税・消費税・流通税（直接税・間接税）

・使い道による分類　普通税・目的税

・発生する場面　人の死亡によって相続人が遺産相続をした場合に発生する。

・税収ランキング（最新の順位）とその額（税収全体に占める割合）

国税・地方税（国税：第4位）2兆9693億9700万円（4・2％）

◆現在の根拠法令　相続税法（昭和25年法律第73号）

◆創設年　1905（明治38）年

◆過去の税収ランキングトップ獲得状況（1位獲得数：0回）

◆物（対象・客体）　人の死亡で発生した遺産

◆人（主体）　遺産相続をした相続人

◆（税率をかけるための）数値化

課税の対象になる遺産の金額（死亡した人の遺産からその人の借金などを差し引く）

◆税率

累進税率（8段階）：

1000万円以下の金額	10％
1000万円を超え3000万円以下の金額	15％
3000万円を超え5000万円以下の金額	20％
5000万円を超え1億円以下の金額	30％
1億円を超え2億円以下の金額	40％
2億円を超え3億円以下の金額	45％
3億円を超え6億円以下の金額	50％
6億円を超える金額	55％

◆税金の額を決める方法

確定申告による方法・税務署などが賦課する方法・自動で確定する方法

TAX 2

贈与税

贈与税は、個人から個人に贈与が行われたときに、**贈与を受けた者に発生する国税**です。贈与税は、**相続税を補完する税金**であるといわれています。高い税率の相続税をまぬかれようとして、生きているうち（生前）に親から子などに贈与がされることを防ぐために、相続税よりも高い累進税率でつくられた税金だからです。そのため、**相続（死亡）が発生しない法人から贈与を受けた個人には、贈与税は発生しません（所得税が発生します）**。

贈与税の対象になる「贈与」は、無償（タダ）であげるお金に限らず、無償で利益を与える行為なども含まれます。1年に受けた贈与の合計額が110万円以内であれば、贈与税は発生しません（**基礎控除**）。お年玉をもらうなどの贈与を受けても税金を払わないでよいのは、この基礎控除の範囲内といえるからです。

個人から個人への贈与は、社会生活にとっても教育や経済のためにも必要な場合もあります。そのため、**祖父母や親などから受けた教育資金、結婚・子育て資金、住宅取得資金などの贈与については、贈与税が発生しない特例（上限額あり）もあります**。

贈与税は、所得税（申告所得税）と同じで、1年分をまとめて確定申告することで支払います。

◆**税金の概要**

・**もらう相手などによる分類**

国税・地方税（道府県税・市町村税、法定税・法定外税）

・**性質などによる分類**　収得税・**財産税**・消費税・流通税（**直接税**・間接税）

・**使い道による分類**　**普通税**・目的税

・**発生する場面**

個人から個人が対価を負担することなく無償で財産や利益を得た場合に発生する。

・**税収ランキング（最新の順位）とその額（税収全体に占める割合）**

国税・地方税（**国税第—位**）**2541億5900万円（—%）**（※）　（※）納付税額

◆**現在の根拠法令**　**相続税法**（昭和25年法律第73号）

◆**創設年**　**1947（昭和22）年**

◆過去の税収ランキングトップ獲得状況（1位獲得数：0回）

◆物（対象・客体） 個人から個人に移動した財産や利益

◆人（主体） 個人から財産や利益を得た個人

◆（税率をかけるための）数値化

課税の対象になる財産や利益の金額（ただし、年間110万円の額を超える部分）

◆税率

累進税率（8段階）：

（原則）

200万円以下の金額	10％
200万円を超え300万円以下の金額	15％
300万円を超え400万円以下の金額	20％
400万円を超え600万円以下の金額	30％
600万円を超え1000万円以下の金額	40％

1000万円を超え1500万円以下の金額　45％
1500万円を超え3000万円以下の金額　50％
3000万円を超える金額　55％

（特例：直系尊属からその年の1月1日に18歳以上の子や孫が受けた贈与の場合）

200万円以下の金額　10％
200万円を超え400万円以下の金額　15％
400万円を超え600万円以下の金額　20％
600万円を超え1000万円以下の金額　30％
1000万円を超え1500万円以下の金額　40％
1500万円を超え3000万円以下の金額　45％
3000万円を超え4500万円以下の金額　50％
4500万円を超える金額　55％

◆税金の額を決める方法

確定申告による方法・税務署などが賦課する方法・自動で確定する方法

TAX 3

登録免許税

登録免許税は、**法務局（登記所）に登記などをする場合に発生する国税**です。典型例は、土地や建物などの所有権の登記ですが、登記には会社の役員などの事項を法務局に登記する仕組みもあり、こうした商業登記をした場合にも発生します。弁護士や税理士、医師、保健師、看護師、美容師などの**人の資格の登録にあたっても、登録免許税は発生します**。

登録免許税の税率は**比例税率**または**一定額の税率**で、登録免許税法という法律の「別表」に1つひとつ記載されています。マンションを購入するなどの住宅を取得した場合にも、所有権移転登記をすることで登録免許税が発生しますが、住宅については軽減された税率があります。

登録免許税は、登記などを受けた事実により自動的に確定します。**支払いの方法は、現金によるのが原則**です。あらかじめ銀行などの金融機関で支払った領収証書を、登記などの申請書に貼って法務局（登記所）に提出します。

◆税金の概要

・もらう相手などによる分類

国税・地方税（道府県税・市町村税、法定税・法定外税）

・性質などによる分類

収得税・財産税・消費税・流通税（直接税・間接税）

・使い道による分類

普通税・目的税

・発生する場面

法務局に登記をする場合などに発生する。

・税収ランキング（最新の順位）とその額（税収全体に占める割合）

国税・地方税（第―位）（―）円（―%）（注）公表データなし。

◆現在の根拠法令　登録免許税法（昭和42年法律第35号）

◆創設年　1967（昭和42）年。前身は、1896（明治29）年の登録税など。

◆過去の税収ランキングトップ獲得状況（1位獲得数：0回）

■住宅に係る登録免許税の軽減措置

自己の居住の用に供する家屋について、その家屋を新築・取得した場合における所有権の保存・移転登記又はその家屋の取得資金の貸付け等を受けた場合における抵当権の設定登記に係る登録免許税については、2027（令和９）年３月31日までの措置として、次のとおり軽減されます。

登記の種類	本則税率	住宅に係る特例	
		対象住宅	特例税率
所有権の保存登記	0.4%	個人の住宅の用に供される床面積50平方メートル以上の家屋	0.15%（注1）
所有権の移転登記	2.0%	・個人の住宅の用に供される床面積50平方メートル以上の家屋 ・中古住宅の場合は、1982（昭和57）年1月1日以降に建築されたもの又は一定の耐震基準等に適合するもの	0.3%（注1）（注2）
抵当権の設定登記	0.4%	（同上）	0.1%

注１：長期優良住宅・認定低炭素住宅の新築等に係る登録免許税の税率は、2027（令和９）年３月31日までの措置として、0.1%（戸建ての長期優良住宅の移転登記については0.2%）に軽減。
注２：買取再販住宅の取得に係る登録免許税の税率は、2027（令和９）年３月31日までの措置として、0.1%に軽減。

出典：財務省ＨＰ「住宅に係る登録免許税の軽減措置」をもとに一部加工

◆物（対象・客体）
　登記など（登録、特許、免許、許可、認可、認定、指定および技能証明）

◆人（主体）　登記などを受ける人

◆税率をかけるための数値化
　課税の対象になる登記などの対象ごとに決められた価額・数量（登録免許税法「別表第１　課税範囲、課税標準及び税率の表」に記載のもの）

◆税率
　比例税率（一定額の税率）：登録免許税法「別表第１　課税範囲、課

税標準及び税率の表」に1つひとつ記載されている。

たとえば、「不動産の登記」のうち「所有権の保存の登記」の場合は、不動産の価額の0・4％であり、「所有権の移転の登記」の場合は、「相続」などの場合は不動産の価額の0・4％、売買など「その他の原因による移転の登記」の場合は2％（ただし、①土地の売買、②住宅の場合などについて、時期を区切った時限立法による軽減された税率あり。住宅については、右の図表を参照）

◆税金の額を決める方法

確定申告による方法・税務署などが賦課する方法・**自動で確定する方法**

TAX 4

印紙税

印紙税は、契約書や領収書などの課税の対象となっている文書（課税文書）を作成した場合に発生する国税です。文書の作成者に発生する税金なので、電子データで作成する場合には発生しません。

土地やマンション・建物などの不動産を購入する場合に作成する売買契約書などに発生しますが、印紙税の税率は**一定額の税率**で、作成した文書の種類と額により決められた額になります。

印紙税は、文書の作成によって自動的に確定します。その支払いについては、文書に印紙税の額に対応する**印紙を貼《は》り、消印《けしいん》する**かたちで行うのが原則です。消印をするのは、印紙を再利用することを防ぐためで、押印《おういん》でなくても署名《しょめい》でもよく方法はさまざまです。

◆税金の概要

・もらう相手などによる分類

国税・地方税（道府県税・市町村税、法定税・法定外税）

・性質などによる分類

収得税・財産税・消費税・流通税（直接税・間接税）

・使い道による分類

普通税・目的税

・発生する場面

契約書や領収書などの課税の対象にされている文書を作成した場合に発生する。

・税収ランキング（最新の順位）とその額（税収全体に占める割合）

国税・地方税（第—位）1253億8900万円（—%）（※）（※）現金納付分の税額

◆現在の根拠法令　印紙税法（昭和42年法律第23号）

◆創設年　1873（明治6）年

◆過去の税収ランキングトップ獲得状況（1位獲得数：—回）

◆物（対象・客体）　課税の対象にされる文書

◆人（主体）　課税の対象とされる文書の作成者

◆（税率をかけるための）数値化

課税の対象になる文書ごとに決まる（印紙税法の別表第1「課税物件表」記載のもの）

◆税率

一定額の税率：印紙税法の別表第1「課税物件表」に1つひとつ記載されている。

たとえば、不動産の譲渡やお金の貸し借りなどに関する契約書では、「契約金額の記載のある契約書」は1通ごとに、次のとおり（「契約金額の記載のない契約書」は1通ごとに200円）。

10万円以下のもの	200円
10万円を超え50万円以下のもの	400円
50万円を超え100万円以下のもの	1000円
100万円を超え500万円以下のもの	2000円
500万円を超え1000万円以下のもの	1万円
1000万円を超え5000万円以下のもの	2万円

5000万円を超え1億円以下のもの	6万円
1億円を超え5億円以下のもの	10万円
5億円を超え10億円以下のもの	20万円
10億円を超え50億円以下のもの	40万円
50億円を超えるもの	60万円

◆税金の額を決める方法

確定申告による方法・税務署などが賦課する方法・**自動で確定する方法**

TAX 5

固定資産税

固定資産税は、**固定資産（①土地、②家屋《かおく》、③償却資産《しょうきゃく》）を所有する者に発生する地方税**です。償却資産とは、事業に役立つ機械、装置、船舶などです（少額のものにはかからず、かかるものでも法律のルールに従い年数の経過により対象額が下がります）。

固定資産税の税収は、市町村税のなかでは2位で、9兆円を超えます。市町村税では、過去に税収1位の獲得数が20回を超えるほど、市町村にとって重要な税金です。

固定資産税が発生する人は、その年の1月1日時点で、市町村がつくっている**固定資産課税台帳《だいちょう》**と呼ばれる台帳に登録されている所有者です。

固定資産税は、賦課《ふか》された税額を支払うことになります。対象者には、固定資産税の納税通知書が送付され、自分が支払うべき固定資産税の税額がわかります。市街化区域内に土地・家屋を所有している人には**都市計画税**もかかるので、2つの税金を合わせた納税通知書が送付されます。

◆**税金の概要**

・**もらう相手などによる分類**

国税・**地方税**（道府県税・**市町村税**、**法定税**・法定外税）

・**性質などによる分類**

収得税・**財産税**・消費税・流通税（**直接税**・間接税）

・**使い道による分類**　**普通税**・**目的税**

・**発生する場面**　土地や家屋などの対象になる固定資産を所有する場合に発生する。

・**税収ランキング（最新の順位）とその額（税収全体に占める割合）**

国税・**地方税**（**市町村税：第2位**）**9兆6659億6900万円（41・5％）**

◆**現在の根拠法令**　**地方税法**（昭和25年法律第226号）**＋各自治体の税条例**

◆**創設年**　**1950（昭和25）年**

◆**過去の税収ランキングトップ獲得状況（市町村税の1位獲得数：24回）**

初トップは、1950（昭和25）年度。1位獲得年は、1950（昭和25）～1963（昭和38）年度（14年連続）、1998（平成10）～2005（平成17）年度（8年連続）、

２０１０（平成22）～２０１１（平成23）年度（2年連続）。

◆**物（対象・客体）**

その市町村にある固定資産（①土地、②家屋、③償却資産（※））の市場価格

（※）償却資産＝土地・家屋以外のもので、事業に役立つ資産（機械、装置、船舶、航空機、車両、大型特殊自動車、工具、器具、備品、陳列ケース、医療機器など）のこと

◆**人（主体）　固定資産の所有者**

◆**（税率をかけるための）数値化　課税の対象になる固定資産の評価額**

（注）償却資産は、耐用年数に応じて減額される。

◆**税率　比例税率（標準的な税率）：1・4％**

◆**税金の額を決める方法**

確定申告による方法・税務署などが賦課する方法・自動で確定する方法

（注）償却資産の所有者は、毎年1月1日現在の償却資産について、所在、種類、数量、取得時期、取得価額、耐用年数、見積価額などを1月31日までに申告する。

TAX 6

不動産取得税

不動産取得税は、売買などの取引を通じて**不動産を取得した人に発生する地方税**です。道府県税のなかでの税収は7位で、4000億円ほどあります。

不動産取得税は、固定資産税の評価額に比例税率4％をかけて計算されます。4％はあくまで標準的な税率で、土地と住宅には、3％の軽減された税率があります。たとえば、住宅として耐震基準などの条件を満たす中古マンションを購入したような場合には、築年数ごとに決められた控除額を差し引いたあとに3％の軽減された税率で計算されます。

不動産取得税は、賦課《ふか》された税額を支払います。不動産登記をすると、半年程度で納税通知書が届きます。

◆税金の概要

・もらう相手などによる分類

国税・［地方税］（［道府県税］・市町村税、［法定税］・法定外税）

・性質などによる分類
収得税・財産税・消費税・流通税（直接税・間接税）
・使い道による分類
普通税・目的税
・発生する場面
取引で不動産を取得した場合に発生する。改築も取得とみなされる。
・税収ランキング（最新の順位）とその額（税収全体に占める割合）
国税・地方税（道府県税：第7位）4184億8200万円（2％）

◆現在の根拠法令　地方税法（昭和25年法律第226号）＋各自治体の税条例

◆創設年
1926（大正15）年→1950（昭和25）年廃止→1954（昭和29）年復活

◆過去の税収ランキングトップ獲得状況（1位獲得数：0回）

◆物（対象・客体）　不動産（土地・家屋）の取得

◆人（主体）　不動産を取得した人

◆（税率をかけるための）数値化　課税の対象になる不動産の評価額（固定資産税の評価額）

◆税率

比例税率（標準的な税率）：4％

◆税金の額を決める方法

確定申告による方法・**税務署などが賦課する方法**・自動で確定する方法

（注）条例で定める期間内に登記をした場合を除き、取得の申告は必要。

TAX 7

事業所税

事業所税は、人口30万人以上の**指定都市等で事業を行う個人や法人に発生する地方税**です。都市環境の整備・改善に関する事業に必要な費用にあてるためにつくられた**目的税**です。

事業所税の税収は、市町村税のなかで第5位であり、約4000億円あります。

事業所税は、事業所の床面積を基準に1平方メートルあたり600円で計算される**資産割**と、支払った従業者の給与の総額に0・25%をかけて計算される**従業者割**があります。

資産割については、事業所の床面積の合計が1000平方メートル以下の場合、従業者割については、事業所などの従業者の数の合計が100人以下である場合、事業所税は発生しません（**免税点**）。

事業所税は、確定申告することで支払います。

◆税金の概要

・もらう相手などによる分類

国税・地方税（道府県税・市町村税、法定税・法定外税）

・**性質などによる分類**

収得税・財産税・消費税・流通税（直接税・間接税）

・**使い道による分類**

普通税・目的税（目的：都市環境の整備および改善に関する事業に要する費用にあてる）

・**発生する場面**

個人や法人が指定都市等で事業を行う場合に発生する。

・**税収ランキング（最新の順位）とその額（税収全体に占める割合）**

国税・地方税（**市町村税：第5位**）**3975億7900万円（1・7%）**

◆**現在の根拠法令　地方税法**（昭和25年法律第226号）**＋各自治体の税条例**

◆**創設年　1975（昭和50）年**

◆**過去の税収ランキングトップ獲得状況（市町村税の1位獲得数：0回）**

◆**物（対象・客体）　指定都市等の事業所などで行われる事業**

◆人（主体）

指定都市等の事業所などで事業を行う法人や個人（床面積〔1000平方メートル以下〕と従業員数〔100人以下〕による免税あり）

◆（税率をかけるための）数値化

課税の対象になる算定期間の末日現在の事業所の床面積（資産割）

課税の対象になる算定期間に支払われた従業者の給与の総額（従業者割）

◆税率

一定額の税率（必須の税率）：

1平方メートルについて600円（資産割）

0・25％（従業者割）

◆税金の額を決める方法

確定申告による方法・税務署などが賦課する方法・自動で確定する方法

TAX 8

都市計画税

都市計画税は、**市街化区域にある土地や家屋の所有者に発生する地方税**です。都市計画法に基づいて行う**都市計画事業**や、土地区画整理法に基づいて行う**土地区画整理事業**に必要な費用にあてるためにつくられた**目的税**です。

都市計画税の税収は、市町村税のなかで第3位であり、1兆3000億円ほどあります。

都市計画税は、課税の対象となる土地や家屋の価格に0・3％未満の範囲で自治体が決めた比例税率で計算されます。

都市計画税は、その年の1月1日に賦課された税金を支払います。固定資産税で述べたように（第4章5参照）、固定資産税と合わせた納税通知書が毎年、対象者に送付されます。

◆税金の概要

・もらう相手などによる分類

国税・**地方税**（道府県税・**市町村税**）、**法定税**・法定外税）

・**性質による分類**

収得税・**財産税**・消費税・流通税（**直接税**・間接税）

・**使い道による分類**

普通税・**目的税**（目的：都市計画法に基づいて行う都市計画事業または土地区画整理法に基づいて行う土地区画整理事業に要する費用にあてる）

・**発生する場面**

都市計画区域の市街化区域内にある土地や家屋を所有する場合に発生する。

・**税収ランキング（最新の順位）とその額（税収全体に占める割合）**

国税・**地方税**（**市町村税：第3位**）**1兆3739億5700万円（5・9％）**

◆**現在の根拠法令**　**地方税法**（昭和25年法律第226号）**＋各自治体の税条例**

◆**創設年**　**1940（昭和15）年。1950（昭和25）年に廃止され、1956（昭和31）年に復活。**

◆**過去の税収ランキングトップ獲得状況（1位獲得数：0回）**

◆**物（対象・客体）** 都市計画区域の市街化区域内にある土地や家屋の所有

◆**人（主体）** 都市計画区域の市街化区域内にある土地や家屋の所有者

◆**（税率をかけるための）数値化** 課税の対象になるその土地や家屋の価格

◆**税率** 比例税率（任意の税率）：上限としての税率０・３％以下

◆**税金の額を決める方法**

確定申告による方法・税務署などが賦課する方法・自動で確定する方法

TAX 9

鉱区税

鉱区税は、その道府県にある**鉱区**に**鉱業権をもつ者**に**発生する地方税**です。鉱区とは、鉱業権が登録され、鉱物を採取することができる土地の区域を指します（鉱物の定義については、鉱産税の解説〔第3章8〕参照）。

鉱区税の税収は、道府県税のなかで13位であり、約3億円あります。

鉱区税は、鉱区の面積100a（アール）ごとに年額が決められた**一定額の税率**です。

鉱区税は、4月1日に賦課された税金を支払います。対象者には毎年、納税通知書が届きます。

◆税金の概要

・もらう相手などによる分類

国税・［地方税］（［道府県税］・市町村税、［法定税］・法定外税）

・性質などによる分類

収得税・財産税・消費税・流通税（直接税・間接税）

（注）財務省の分類では、「消費課税」。

・使い道による分類

普通税・目的税

・発生する場面

鉱区《こうく》に鉱業権《こうぎょうけん》をもつ者がいる場合に発生する。

鉱区……鉱業権が登録されて、鉱物《こうぶつ》を採取することができる土地の区域

・税収ランキング（最新の順位）とその額（税収全体に占める割合）

国税・地方税（道府県税：第13位）３億０７００万円（０％）

◆現在の根拠法令　地方税法（昭和25年法律第２２６号）＋各自治体の税条例

◆創設年　１９４７（昭和22）年。前身は、１８９０（明治23）年の鉱区税（国税）。

◆過去の税収ランキングトップ獲得状況（道府県税の１位獲得数：０回）

◆物（対象・客体）　鉱区

◆**人（主体）**　その道府県に鉱区のある鉱業権をもつ者

◆**（税率をかけるための）数値化**　鉱区の面積

◆**税率**

一定額の税率（必須の税率）：軽減された税率あり。

砂鉱を目的としない鉱業権の鉱区

試掘鉱区　面積１００a（アール）ごとに　年額２００円

採掘鉱区　面積１００a（アール）ごとに　年額４００円

砂鉱を目的とする鉱業権の鉱区

面積１００a（アール）ごとに　年額２００円

◆**税金の額を決める方法**

確定申告による方法・税務署などが賦課する方法・自動で確定する方法

TAX 10

特別土地保有税

特別土地保有税は、その市町村の一定規模以上の土地を保有（所有のこと）している人や、これを取得した人に発生する地方税です。

特別土地保有税の税収は、市町村税のなかで第11位であり、7400万円と低いです。特別土地保有税は、土地の投機的な取引を抑制し、宅地の供給を促進するためにつくられた税金でした。それが、土地バブル崩壊により地価が下落したことで、**2003（平成15）年からあらたに徴収することをストップしているから**です。

特別土地保有税は、土地を取得したときの価額（取得価額）に対して、1・4％（保有の場合）、3％（取得の場合）の比例税率で計算されますが、その計算された額からそれぞれ差し引かれる額（控除額。保有分は固定資産税相当額、取得分は不動産取得税相当額）があります。

特別土地保有税は、確定申告により税金を支払います。

◆**税金の概要**

・**もらう相手などによる分類**

国税・地方税（道府県税・市町村税、法定税・法定外税）

・**性質などによる分類**

収得税・財産税・消費税・流通税（直接税・間接税）

土地の保有に対するもの（保有分）：財産税

土地の取得に対するもの（取得分）：流通税

・**使い道による分類**

普通税・目的税

・**発生する場面**

その市町村の土地を保有している場合や取得をした場合に発生する。

・**税収ランキング（最新の順位）とその額（税収全体に占める割合）**

国税・地方税（**市町村税：第11位**）７４００万円（０％）

◆**現在の根拠法令**

地方税法（昭和25年法律第２２６号）**＋各自治体の税条例**

◆創設年
1973（昭和48）年。2003（平成15）年から、新規の課税が停止されている。
◆過去の税収ランキングトップ獲得状況（市町村税の1位獲得数：0回）
◆物（対象・客体）　その市町村の土地の保有または取得（移転）
◆人（主体）　その市町村の土地を保有している人や取得をした人
◆（税率をかけるための）数値化　土地を取得したときの価額（取得価額）
◆税率
比例税率（必須の税率）：1・4％（保有分）、3％（取得分）
◆税金の額を決める方法
確定申告による方法・税務署などが賦課する方法・自動で確定する方法

TAX

第5章

消費に対する税金には、どのようなものがあるのか？

税収の額やランキングなどは、次の資料を参照しました。①国税は、寺崎寛之編著『図説日本の税制〔令和4年度版〕』（財経詳報社、2023年）掲載の資料「国税収入の構成の累年比較」、税務大学校研究部編『税務署の創設と税務行政の100年』（大蔵財務協会、1996年）掲載の参考資料「租税及び印紙収入」、国税庁HP「統計年報」の「決算額（一般会計分）の累年比較」、②地方税は、総務省HP「令和6年度　地方税に関する参考計数資料」の「10地方税の税目別収入額及びその割合の推移（その1～8）」です。

税収ランキングの順位は、それぞれの資料に掲載された税金のなかで比較して計算をしました。そのため、地方税の場合は、道府県税・市町村税ともに、法定外普通税と法定外目的税、道府県固定資産税も、便宜的に1つの税金としてカウントされた税収ランキングになっています。

上記各資料の関係から、税収ランキングの対象期間は、①国税は1899（明治32）年度から2022（令和4）年度、②地方税は1950（昭和25）年度から2022（令和4）年度になっています（最新の順位は、2022〔令和4〕年度）。一般の決算額（税収）の統計データに記載のないものは、国税庁HP「国税庁統計年報」の「租税及び印紙収入」にある内訳を参照しました。

各税金の概要については、財務省HP、総務省HP「地方税制度」なども参照しています。

TAX 1

消費税

消費税は、**日本国内で商品を売ったり、サービスを提供したりして得る事業者の対価の額に発生する国税**です。景気に左右されがちな所得税・法人税とは異なり、広く薄く消費に負担を求める方針で、1988（昭和63）年につくられました。その際に従前の個別消費税の多くは廃止され、一般消費税としての「消費税」がメインになりました。

消費税は、①**年金**、②**医療**、③**介護などの社会保障給付**、④**少子化対策に必要な経費（社会保障4経費）にあてる特定財源**で、道府県税にあたる**地方消費税**も、社会福祉、社会保険、保健衛生の経費にあてる**特定財源**です。特定財源であると明記されたのは、2013（平成25）年の改正です（2014〔平成26〕年度予算から実施）。消費税の税収は、国税のなかで第1位であり、23兆円を超えます。消費税率が10％になってから、長年にわたり国税収入の第1位を獲得していた所得税の税収を抜きました。

消費税の負担をするのは消費者ですが、税金を支払うのは事業者なので、**間接税**です。商品やサービスの提供にあたり仕入れにかかった消費税を控除してから、比例税率10％（基本的な税率）で計算されます（**国税としての消費税は７・８％、地方消費税は２・２％**）。

消費税は、事業者が課税期間（個人事業者の場合は1月1日から12月31日で、法人の場合は事業年度）について確定申告をすることで支払います。

◆税金の概要

・もらう相手などによる分類

国税・**地方税**（**道府県税**・市町村税、**法定税**・法定外税）

・性質などによる分類

収得税・財産税・流通税・**消費税**（直接税・**間接税**）

・使い道による分類

普通税・目的税（特定財源：年金、医療および介護の社会保障給付ならびに少子化に対処するための施策に要する経費〔社会保障４経費〕にあてる。地方消費税は、その他社会保障施策〔社会福祉、社会保険および保健衛生に関する施策〕に要する経費にあてる）

・発生する場面

日本で事業者が商品を売ったり、サービスを提供したりした場合に発生する。

・税収ランキング（最新の順位）とその額（税収全体に占める割合）

国税・地方税（国税：第１位）23兆０７９２億９４００万円（32・４％）
（道府県税：第１位）６兆４１５１億４２００万円（30・９％）

◆現在の根拠法令

消費税法（昭和63年法律第１０８号）。地方消費税は、地方税法（昭和25年法律第２２６号）＋各自治体の税条例。

◆創設年

１９８８（昭和63）年。地方消費税は、１９９７（平成９）年。

◆過去の税収ランキングトップ獲得状況（国税の１位獲得数：３回。道府県税の１位獲得数：２回）

初トップは、２０２０（令和２）年度。１位獲得年は、２０２０（令和２）～２０２１（令和４）年度（３年連続）。地方消費税は、２０２１（令和３）～２０２２（令和４）年度（２年連続）。

◆物（対象・客体）日本で事業者が行った資産の譲渡など（商品の売却やサービスの提供）

◆人（主体）

日本で商品を売ったり、サービスを提供したりする事業者（個人事業者・法人）

◆（税率をかけるための）数値化

課税の対象となる資産の譲渡などの対価の額（地方消費税は、消費税の額）

◆税率

比例税率（地方消費税は、必須の税率）：

	基本的な税率	軽減された税率
消費税	7・8％	6・24％
地方消費税	消費税額の78分の22（2・2％）	消費税額の78分の22（1・76％）
合計	10％	8％

（注）（　）は消費税率に換算したもの。

◆税金の額を決める方法

確定申告による方法・税務署などが賦課する方法・自動で確定する方法

TAX 2 酒税

酒税は、お酒を製造した人が製造場から持ち出したり、保税地域（※）**から引き取ったりした場合に発生する国税**です。嗜好品であるお酒をたしなむ人（購入者）が税金を負担しますが、酒税を税務署に支払うのはお酒の製造者などになる間接税で、消費税の性質をもちます。

酒税の税収は、国税のなかで第6位であり、1兆円を超えます。明治時代からある古い税金で、昭和初期まで国税の税収第1位を25回も獲得していた、重要な税金です。

酒税の対象になる「**酒類**《しゅるい》」は、①**発泡性酒類**《はっぽうせいしゅるい》（ビール、発泡酒《はっぽうしゅ》など）、②**醸造酒類**《じょうぞうしゅるい》（清酒《せいしゅ》、果実酒《かじつしゅ》など）、③**蒸留酒類**《じょうりゅうしゅるい》（ウイスキー、ブランデーなど）、④**混成酒類**《こんせいしゅるい》（みりん、甘味果実《かんみかじつ》酒《しゅ》、リキュールなど）の4つに分類されます。区分に応じて1kℓ（キロリットル）あたりの決められた税率をかけて計算されます。

酒税は、製造者が毎月、翌月の末日までに確定申告することなどで支払います。

（※）**保税地域**……関税法29条に記載されている5種類の地域を指します（①指定保税地域[*68]、②保税蔵置場[*69]、③保税工場[*70]、④保税展示場[*71]、⑤総合保税地域[*72]）。

◆**税金の概要**

・**もらう相手などによる分類**

国税・地方税（道府県税・市町村税、法定税・法定外税）

・**性質などによる分類**

収得税・財産税・消費税・流通税（直接税・間接税）

・**使い道による分類**

普通税・目的税

・**発生する場面**

お酒を製造した人が製造場から持ち出したり、保税地域から引き取ったりした場合に発生する。

・**税収ランキング（最新の順位）とその額（税収全体に占める割合）**

国税・地方税（国税：第6位）1兆1875億6500万円（1・7％）

◆**現在の根拠法令**　酒税法（昭和28年法律第6号）

◆**創設年**　前身は、1875（明治8）年の酒類免許税など、1896（明治29）年の酒造税など。

◆過去の税収ランキングトップ獲得状況（国税の1位獲得数：25回）

初トップは、1899（明治32）年度。1位獲得年は、1899（明治32）～1903（明治36）年度（5年連続）、1909（明治42）～1917（大正6）年度（9年連続）、

＊68 指定保税地域とは、国、地方公共団体、港湾施設、空港施設の建設・管理を行う法人が所有し、または管理する土地または建設物その他の施設で、開港・税関空港の税関手続の簡易迅速な処理を図るため、外国貨物の積卸し、運搬をし、またはこれを一時置くことができる場所として財務大臣が指定したものをいいます（関税法37条1項）。

＊69 保税蔵置場とは、外国貨物の積卸しや運搬をし、またはこれを置くことができる場所で、税関長が許可したものをいいます（関税法42条1項）。

＊70 保税工場とは、外国貨物についての加工やこれを原料とする製造または外国貨物について改装、仕分その他の手入れ（保税作業）をすることができる場所で、税関長が許可したものをいいます（関税法56条1項）。

＊71 保税展示場とは、博覧会、見本市、これらに類するもの（博覧会など）で、外国貨物を展示するものの会場に使用する場所で、税関長が許可したものをいいます（関税法62条の2第1項）。

＊72 総合保税地域とは、一団の土地、その土地に存する建設物その他の施設で、①外国貨物の積卸し、運搬、蔵置又は内容の点検、改装、仕分その他の手入れ、②外国貨物の加工またはこれを原料とする製造、③外国貨物の展示またはこれに関連する使用をすることができる場所として、税関長が許可したものをいいます（関税法62条の8第1項）。

■酒税の税率

区　　分	税　　率（1kℓ当たり）	アルコール分1度当たりの加算額
発　泡　性　酒　類	181,000円	—
発泡酒（麦芽比率25～50%未満）	155,000円	—
〃（麦芽比率25%未満） 〃（いわゆる「新ジャンル」）	134,250円	—
その他の発泡性酒類	80,000円	—
醸　造　酒　類	100,000円	—
蒸　留　酒　類	（アルコール分21度未満）200,000円	（アルコール分21度以上）10,000円
ウイスキー・ブランデー・スピリッツ	（アルコール分38度未満）370,000円	（アルコール分38度以上）10,000円
混　成　酒　類	（アルコール分21度未満）200,000円	（アルコール分21度以上）10,000円
合成清酒	100,000円	—
みりん・雑酒（みりん類似）	20,000円	—
甘味果実酒・リキュール	（アルコール分13度未満）120,000円	（アルコール分13度以上）10,000円
粉　末　酒	390,000円	—

（備考）1．発泡性酒類…ビール、発泡酒、その他の発泡性酒類（ビール及び発泡酒以外の酒類のうちアルコール分10度未満で発泡性を有するもの。）
2．醸造酒類…清酒、果実酒、その他の醸造酒（その他の発泡性酒類を除く。）
3．蒸留酒類…連続式蒸留焼酎、単式蒸留焼酎、ウイスキー、ブランデー、原料用アルコール、スピリッツ（その他の発泡性酒類を除く。）
4．混成酒類…合成清酒、みりん、甘味果実酒、リキュール、粉末酒、雑酒（その他の発泡性酒類を除く。）

出典：財務省ＨＰ「酒税の税率」

1923（大正12）～1924（大正13）年度（2年連続）、1926（大正15）～1934（昭和9）年度（9年連続）。

◆物（対象・客体）　お酒（酒類）

酒類の定義：アルコール分1度以上の飲料

酒類の分類：①発泡性酒類、②醸造酒類、③蒸留酒類、④混成酒類

◆人（主体）

お酒の製造をした人（酒類の製造者）、お酒を引き取った人（酒類引取者）

◆（税率をかけるための）数値化

製造場から持ち出したり、引き取ったりしたお酒の数量

◆税率

一定額の税率：区分に応じて、１kℓ（キロリットル）あたりの税率が決まっている。

◆税金の額を決める方法

確定申告による方法・税務署などが賦課する方法・自動で確定する方法

TAX 3

たばこ税

たばこ税は、たばこを製造した人が製造場から持ち出したり、保税地域から引き取ったりした場合に発生する税金で、国税と地方税（道府県税と市町村税）のすべてがあります。

たばこ税は、嗜好品《しこうひん》であるたばこをたしなむ人（購入者）が税金を負担しますが、たばこ税を支払うのはたばこの製造者などである間接税で、**消費税の性質をもちます**。

たばこ税の税収は、国税のなかでは第7位で9000億円を超え、道府県税のなかでも第7位で約1400億円、市町村税のなかでは第4位で9000億円を超えます。

たばこ税は、製造場から持ち出されるなどした本数に応じて一定額の税率が決められているのですが、たばこ税（国税）も、**道府県たばこ税**も、**市町村たばこ税**も1000本ごとに税額が決められています。

たばこ税は、製造者が毎月、翌月の末日までに確定申告を行うことなどで支払います。

◆**税金の概要**

・**もらう相手などによる分類**

国税・**地方税**（**道府県税**・**市町村税**、**法定税**・法定外税）

・**性質などによる分類**　収得税・財産税・**消費税**・流通税（直接税・**間接税**）

・**使い道による分類**　**普通税**・目的税

・**発生する場面**　たばこを製造した人が製造場から持ち出したり、保税地域から引き取ったりした場合に発生する。

・**税収ランキング（最新の順位）とその額（税収全体に占める割合）**

国税・**地方税**　**（国税：第7位）９５６７億０８００万円（１・３％）**

（道府県税：第7位）１５０４億１９００万円（０・７％）

（市町村税：第４位）９２１０億０２００万円（３・９％）

◆**現在の根拠法令**　**たばこ税法**（昭和59年法律第72号）、**地方税法**（昭和25年法律第２２６号）**＋各自治体の税条例**

◆**創設年　１９８５（昭和60）年。専売制度以前の前身は、１８７５（明治8）年の製造煙草印税。**

◆過去の税収ランキングトップ獲得状況（国税の1位獲得数：0回）

◆物（対象・客体）　たばこ

◆人（主体）　たばこを製造場から持ち出した人（製造者）、たばこを引き取った人

◆（税率をかけるための）数値化
製造場から持ち出したり、引き取ったりしたたばこの本数

◆税率
一定額の税率（道府県たばこ税・市町村たばこ税は、必須の税率）：
たばこ税：1000本6802円
特定販売業者以外の者が引き取ったたばこは、1000本1万4424円
道府県たばこ税：1000本1070円　市町村たばこ税：1000本6552円

◆税金の額を決める方法
確定申告による方法・税務署などが賦課する方法・自動で確定する方法

TAX 4

揮発油税

揮発油税《きはつゆ》は、「ガソリン税」とも呼ばれるもので、**揮発油を製造した人が製造場から持ち出したり、保税地域から引き取ったりした場合に発生する国税**です。国が道府県・市町村に財源を譲与《じょうよ》する**地方揮発油税**もありますが、これも譲与税としての国税です。

揮発油税は、揮発油の購入者が税金を負担しますが、揮発油税を支払うのは揮発油の製造者などである**間接税**で、消費税の性質をもちます。

揮発油税の税収は、国税のなかで第5位であり、2兆円を超えます。2009（平成21）年の改正前は、道路の特定財源でした。地方揮発油税（同改正前は地方道路税）も改められ、一般財源です。揮発油税は、対象になるその数量に1kℓ（キロリットル）2万4300円（地方揮発油税は4400円）の一定額の税率で計算されます。

揮発油税は、製造者が毎月、翌月の末日までに確定申告を行うことなどで支払います。

◆**税金の概要**

・**もらう相手などによる分類**

国税・地方税（道府県税・市町村税、法定税・法定外税）

（注）地方揮発油税は、国が道府県・市町村に財源を譲《ゆず》り与《あた》える国税（譲与《じょうよ》税）

・**性質などによる分類**　収得税・財産税・消費税・流通税（直接税・間接税）

・**使い道による分類**　普通税・目的税

・**発生する場面**

揮発油を製造した人が製造場から持ち出したり、保税地域から引き取ったりした場合に発生する。

・**税収ランキング（最新の順位）とその額（税収全体に占める割合）**

国税・地方税（**国税：第5位**）**2兆0652億7600万円（2・9%）**

◆**現在の根拠法令　揮発油税法**（昭和32年法律第55号）。**地方揮発油税法**（昭和30年法律第104号）。

◆**創設年　1937（昭和12）年→1943（昭和18）年廃止→1949（昭和24）年復活**

◆過去の税収ランキングトップ獲得状況（国税の1位獲得数：0回）

◆物（対象・客体）　揮発油（温度15度で0・8017をこえない比重をもつ炭化水素油）

◆人（主体）　揮発油を製造場から持ち出した人（製造者）、揮発油を引き取った人

◆（税率をかけるための）数値化　課税の対象になる揮発油の数量（製造場から持ち出したり、引き取ったりした揮発油の数量から、消費者に販売するまでに貯蔵・輸送により減少する揮発油の数量に相当する数量で所定の控除をした数量。地方揮発油税も同じ）

◆税率
一定額の税率：1kℓ（キロリットル）2万4300円
（地方揮発油税は、1kℓ（キロリットル）4400円）

◆税金の額を決める方法
確定申告による方法・税務署などが賦課する方法・自動で確定する方法

TAX 5

石油ガス税

石油ガス税は、**石油ガスを自動車の石油ガス容器に充《じゅう》てんする人（充《じゅう》てん者《しゃ》）が、充てん場から持ち出したり、保税地域から引き取ったりした場合に発生する国税**です。

税収の2分の1が、石油ガス譲与《じょうよ》税として、都道府県・指定市（道路法7条3項）に譲与されます。

石油ガス税は、石油の購入者が税金を負担しますが、石油ガス税を支払うのは石油ガスの充てん者などである**間接税**で、消費税の性質をもちます。

石油ガス税の税収は、国税のなかで第15位であり、約47億円あります。

石油ガス税は、対象になるその重量に1kg（キログラム）17円50銭の一定額の税率で計算されます。

石油ガス税は、充てん者が毎月、翌月の末日までに確定申告を行うことなどで支払います。

◆税金の概要

・もらう相手などによる分類

国税・地方税（道府県税・市町村税、法定税・法定外税）

・性質などによる分類

収得税・財産税・消費税・流通税（直接税・間接税）

・使い道による分類

普通税・目的税

・発生する場面

石油ガスを自動車用の石油ガス容器に充てんする人（石油ガスの充てん者《しゃ》）が、その石油ガスの充てん場《じょう》から石油ガスが持ち出された場合や、保税地域から石油ガスを引き取った場合に発生する。

・税収ランキング（最新の順位）とその額（税収全体に占める割合）

国税・地方税（国税：第15位）47億１１００万円（０％）

◆現在の根拠法令

石油ガス税法（昭和40年法律第１５６号）、石油ガス譲与税法（昭和40年法律第１５７号）

◆創設年　1965（昭和40）年

◆過去の税収ランキングトップ獲得状況（国税の1位獲得数：0回）

◆物（対象・客体）　自動車用の石油ガス容器に充《じゅう》てんされている石油ガス

◆人（主体）

石油ガスを自動車用の石油ガス容器に充てんする人、石油ガスを保税地域から引き取る人

◆（税率をかけるための）数値化　持ち出されたり、引き取ったりした石油ガスの重量

◆税率

一定額の税率：1kg（キログラム）17円50銭

◆税金の額を決める方法

確定申告による方法・税務署などが賦課する方法・自動で確定する方法

TAX 6

石油石炭税

石油石炭税は、**原油、石油製品、ガス状炭化水素、石炭を採取《さいしゅ》した人（採取者《さいしゅしゃ》）が採取場から持ち出したり、原油などを保税地域から引き取ったりした場合に発生する国税**です。

石油石炭税は、原油、石油製品、ガス状炭化水素、石炭の購入者が税金を負担しますが、石油石炭税を支払うのはその採取者などである**間接税**で、消費税の性質をもちます。

石油石炭税の税収は、国税のなかで第9位であり、6000億円を超えます。

石油石炭税は、対象になるその数量に、原油、石油製品の場合は1kℓ（キロリットル）2040円、ガス状炭化水素の場合は1t（トン）1080円、石炭の場合は1t（トン）700円の一定額の税率で計算されます。

石油石炭税は、採取者が毎月、翌月の末日までに確定申告を行うことなどで支払います。

◆税金の概要

・もらう相手などによる分類

国税・地方税（道府県税・市町村税、法定税・法定外税）

・性質などによる分類

収得税・財産税・消費税・流通税（直接税・間接税）

・使い道による分類

普通税・目的税

・発生する場面

原油、ガス状炭化水素、石炭を採取した人が採取場から持ち出したり、これらに石油製品を加えた原油などを保税地域から引き取ったりした場合に発生する。

・税収ランキング（最新の順位）とその額（税収全体に占める割合）

国税・地方税（**国税：第９位**）**６６３０億３０００万円（０・９％）**

◆現在の根拠法令　**石油石炭税法**（昭和53年法律第25号）

◆創設年　**１９７８（昭和53）年**

◆過去の税収ランキングトップ獲得状況（国税の１位獲得数：０回）

◆物（対象・客体）　原油、石油製品、ガス状炭化水素、石炭

◆人（主体）

原油、ガス状炭化水素、石炭を採取した人、原油などを保税地域から引き取った人

◆（税率をかけるための）数値化

採取場から持ち出した原油、ガス状炭化水素、石炭や引き取った原油などの数量

◆税率

一定額の税率：

原油、石油製品　１kℓ（キロリットル）２０４０円

ガス状炭化水素　１t（トン）１０８０円

石炭　１t（トン）７００円

◆税金の額を決める方法

確定申告による方法・税務署などが賦課する方法・自動で確定する方法

TAX 7

航空機燃料税

航空機燃料税は、**航空機に積み込まれた燃料について、航空機の所有者に発生する国税**です。税収の13分の2が、**航空機燃料譲与《じょうよ》税**として、空港関係市町村、空港関係都道府県に譲与されます。空港関係市町村、空港関係都道府県は、航空機燃料譲与税の総額を航空機の騒音により生ずる障害の防止、空港、その周辺の整備その他の空港対策に関する費用にあてることになります（特定財源）。

航空機燃料税は、税金を支払うのは航空機の所有者などである**間接税**で、消費税の性質をもちます。航空機燃料税の税収は、国税のなかで第12位であり、約３００億円あります。

航空機燃料税は、対象になる燃料の数量に１kℓ（キロリットル）２万６０００円の一定額の税率で計算されます。ただし、２０１１（平成23）年４月１日から２０２８（令和10）年３月31日までは、航空機の種類ごとに軽減された税率が使われます。

航空機燃料税は、航空機の所有者などが毎月、翌月の末日までに確定申告を行うことで支払います。

◆税金の概要
・もらう相手などによる分類
国税・地方税（道府県税・市町村税、法定税・法定外税）
・性質などによる分類
収得税・財産税・消費税・流通税（直接税・間接税）
・使い道による分類　普通税・目的税
・発生する場面　航空機に燃料が積み込まれた場合に発生する。
・税収ランキング（最新の順位）とその額（税収全体に占める割合）
国税・地方税（国税：第12位）３１４億９１００万円（０％）
◆現在の根拠法令
航空機燃料税法（昭和47年法律第7号）、航空機燃料譲与税法（昭和47年法律第13号）
◆創設年　１９７２（昭和47）年
◆過去の税収ランキングトップ獲得状況（国税の１位獲得数：０回）

■航空機燃料税の税率（軽減された税率）

航空機の種類	本則税率（航空機燃料税法）	軽減後の税率				
		2011年4月1日〜2021年3月31日	2021年4月1日〜2022年3月31日	2022年4月1日〜2025年3月31日	2025年4月1日〜2027年3月31日	2027年4月1日〜2028年3月31日
一般国内航空機（注1）	1キロリットルにつき26,000円	18,000円	9,000円	13,000円	15,000円	18,000円
沖縄路線航空機（注2）	1キロリットルにつき13,000円	9,000円	4,500円	6,500円	7,500円	9,000円
特定離島路線航空機（注3）	1キロリットルにつき19,500円	13,500円	6,750円	9,750円	11,250円	13,500円

注1：「一般国内航空機」とは、租特法第90条の8の2第2項に規定する一般国内航空機をいいます。
注2：「沖縄路線航空機」とは、租特法第90条の8の2第1項に規定する沖縄路線航空機をいいます。
注3：「特定離島路線航空機」とは、租特法第90条の9第1項に規定する特定離島路線航空機をいいます。
出典：国税庁「航空機燃料税の軽減措置の延長について」
2022（令和4）年4月（2023〔令和5〕年4月改訂）をもとに一部加工

◆物（対象・客体） 航空機の燃料

◆人（主体）
航空機の所有者
（航空法の使用者がいる場合は使用者）

◆（税率をかけるための）数値化
航空機に積み込まれた航空機の燃料の数量

◆税率
一定額の税率：1kℓ（キロリットル）2万6000円
航空機の種類により、2028（令和10）年3月31日まで軽減された税率あり。

◆税金の額を決める方法
確定申告による方法・税務署などが賦課する方法・自動で確定する方法

TAX 8 自動車重量税

自動車重量税は、**自動車検査証の交付を受けたり、車両番号の指定を受けたりする場合にその人に発生する国税**です。いわゆる車検《しゃけん》の際にかかる税金です。税収の1000分の357が、**自動車重量譲与税**《じょうよ》として、市町村（特別区を含む）、都道府県に譲与されます。

自動車重量税の税収は、国税のなかで第10位であり、約3900億円あります。

自動車重量税は、検査自動車や届出軽自動車の数量に自動車の区分ごとに決められた一定額の税率になります。自動車重量税は、自動車検査証の交付・返付や軽自動車の車両番号の指定によって、自動で確定します。上記の交付や指定を受けるときまでに、自動車重量税の税額分の印紙を納付書に貼りつけて支払います。

◆税金の概要

・もらう相手などによる分類

国税・地方税（道府県税・市町村税）、法定税・法定外税

・性質などによる分類　収得税・財産税・流通税・消費税（直接税・間接税）

（注）財産税に分類する見解もある。

・使い道による分類　普通税・目的税

・発生する場面

自動車検査証の交付を受けたり、車両番号の指定を受けたりする場合に発生する。

・税収ランキング（最新の順位）とその額（税収全体に占める割合）

国税・地方税（国税：第10位）3934億9900万円（0・6％）

◆現在の根拠法令

自動車重量税法（昭和46年法律第89号）、自動車重量譲与税法（昭和46年法律第90号）

◆創設年　1971（昭和46）年

◆過去の税収ランキングトップ獲得状況（国税の1位獲得数：0回）

◆物（対象・客体）

検査自動車（自動車検査証〔車検〕の交付・返付を受ける自動車）

■自動車重量税の税率

主な税率

車種 ＼ 車検期間・税率		1年		2年		3年	
		当分の間税率	本則税率	当分の間税率	本則税率	当分の間税率	本則税率
乗用車（車両重量1.5tの場合）	自家用	12,300	7,500	24,600	15,000	36,900	22,500
	営業用	7,800		—	—	—	—
軽自動車 ※車両重量によらず定額	自家用	3,300	2,500	6,600	5,000	9,900	7,500
	営業用	2,600		5,200		—	—
トラック（車両総重量8tの場合）	自家用	32,800	20,000	65,600	40,000	—	—
	営業用	20,800		41,600			

注１：13年超／18年超の経年車には異なる税率が適用される。例えば自家用乗用車の場合、13年未満は4,100円であるが、13年超は5,700円、18年超は6,300円（いずれも0.5ｔごと・１年あたりの額）となる。なお、2010（平成22）年度税制改正前は、経過年数に関わらず一律6,300円とされていた。
注２：足元のエコカー減税の対象となる車等、一定の環境性能を有する車両に該当する場合、本則税率が適用される（13年超／18年超の場合を含む）。

出典：財務省ＨＰ「自動車重量税の概要」をもとに一部加工

届出軽自動車（車両番号の指定を受ける軽自動車）

◆人（主体）

自動車検査証の交付・返付を受ける人、車両番号の指定を受ける人

◆（税率をかけるための）数値化

検査自動車や届出軽自動車の数量

◆税率

一定額の税率：自動車の区分ごとに額（税率）が決められている。

◆税金の額を決める方法

確定申告による方法・税務署などが賦課する方法・自動で確定する方法

TAX 9

自動車税

自動車税は、**自動車を取得した人（取得者）**や、**所有している人（所有者）**に発生する**地方税**です。自動車の取得者には**環境性能割**で、所有者には**種別割**で、それぞれ道府県税がとられます。自動車税は、消費税の性質をもちます。

自動車税の税収は、道府県税のなかで第4位であり、1兆6000億円を超えます。

環境性能割では、自動車の取得に通常必要な価額に1％などの比例税率で計算されます。種別割では、所有する自動車1台の税額が種別ごとに決められた一定額の税率です。

自動車税は、環境性能割の場合は確定申告により支払い、種別割の場合には4月1日に賦課された税額を原則5月中に支払います。種別割は、納税通知書が毎年送付されます。

◆税金の概要

・もらう相手などによる分類

国税・地方税（道府県税・市町村税、法定税・法定外税）

・**性質などによる分類**
収得税・財産税・**消費税**・流通税（**直接税**・間接税）
（注）財産税に分類する見解もある。
・**使い道による分類**
普通税・目的税
・**発生する場面**
自動車を取得したり、所有したりする場合に発生する。
取得：環境性能割、所有：種別割
・**税収ランキング（最新の順位）とその額（税収全体に占める割合）**
国税・**地方税**（**道府県税：第4位**）**1兆6535億4200万円（8・0％）**
◆**現在の根拠法令**　**地方税法**（昭和25年法律第226号）**＋各自治体の税条例**
◆**創設年**　**1950（昭和25）年**
◆**過去の税収ランキングトップ獲得状況（道府県税の1位獲得数：0回）**

◆**物（対象・客体）　自動車**

◆**人（主体）　自動車を取得した人（環境性能割）、自動車を所有する人（種別割）**

◆**（税率をかけるための）数値化**

自動車の取得者：環境性能割（自動車の取得のために通常要する価額）

自動車の所有者：種別割（所有する自動車1台）

◆**税率**

（環境性能割）比例税率（必須の税率）：1％（自動車により2％または3％）

（種別割）一定額の税率（標準的な税率）：以下のように自動車の種別ごとに1台の税額が決められている。それぞれの1・5倍が上限としての税率。

たとえば、自家用自動車の場合（いずれも年額）

総排気量が1ℓ（リットル）以下　2万5000円

総排気量が1ℓ（リットル）を超え1・5ℓ（リットル）以下　3万0500円

総排気量が1・5ℓ（リットル）を超え2ℓ（リットル）以下　3万6000円

総排気量が2ℓ（リットル）を超え2・5ℓ（リットル）以下　4万3500円

総排気量が２・５ℓ（リットル）を超え３ℓ（リットル）以下	５万円
総排気量が３ℓ（リットル）を超え３・５ℓ（リットル）以下	５万７０００円
総排気量が３・５ℓ（リットル）を超え４ℓ（リットル）以下	６万５５００円
総排気量が４ℓ（リットル）を超え４・５ℓ（リットル）以下	７万５５００円
総排気量が４・５ℓ（リットル）を超え６ℓ（リットル）以下	８万７０００円
総排気量が６ℓ（リットル）を超えるもの	11万円

◆税金の額を決める方法

確定申告による方法・税務署などが賦課する方法・自動で確定する方法

確定申告による方法：環境性能割、**税務署などが賦課する方法**：種別割

TAX 10

軽自動車税

軽自動車税は、**軽自動車を取得した人（取得者）**や、**所有している人（所有者）**に発生する**地方税**です。軽自動車の取得者には**環境性能割**で、所有者には**種別割**で、それぞれ**市町村税**が発生します。軽自動車税は、消費税の性質をもちます。

軽自動車税の税収は、市町村税のなかで第6位であり、約3000億円あります。

環境性能割では、軽自動車の取得に通常必要な価額に1％などの比例税率で計算されます。種別割では、所有する軽自動車1台の税額が種別ごとに決められた一定額の税率です。

軽自動車税は、環境性能割の場合は確定申告により支払い、種別割の場合には4月1日に賦課された税額を原則4月中に支払います（納税通知書が毎年送付されます）。

◆税金の概要

・もらう相手などによる分類

国税・**地方税**（道府県税・**市町村税**）、**法定税**・法定外税

・**性質などによる分類**

収得税・財産税・消費税・流通税（直接税・間接税）

（注）財産税に分類する見解もある。

・**使い道による分類**

普通税・目的税

・**発生する場面**

軽自動車を取得したり、所有したりする場合に発生する。

取得：環境性能割　**所有**：種別割

・**税収ランキング（最新の順位）とその額（税収全体に占める割合）**

国税・地方税（市町村税：第6位）3104億1100万円（1・3％）

◆**現在の根拠法令**　地方税法（昭和25年法律第226号）＋各自治体の税条例

◆**創設年**　1958（昭和33）年。前身は、自転車荷車税。

◆**過去の税収ランキングトップ獲得状況（市町村税の1位獲得数：0回）**

◆物（対象・客体）

軽自動車など（原動機付自転車、軽自動車、小型特殊自動車、二輪の小型自動車）

◆人（主体）　軽自動車を取得した人、軽自動車を所有する人

◆（税率をかけるための）数値化

軽自動車の取得者：環境性能割（軽自動車の取得のために通常要する価額）

軽自動車の所有者：種別割（所有する軽自動車1台）

◆税率

（環境性能割）比例税率（必須の税率）：1％（軽自動車により2％または3％）

（種別割）一定額の税率（標準的な税率）：以下のように自動車の種別ごとに1台の税額が決められている。それぞれの1・5倍が上限としての税率。

たとえば、原動機付自転車の場合（いずれも年額）

総排気量が0・05ℓ（リットル）以下　2000円

定格出力が0・6kw（キロワット）以下　同

二輪で総排気量が0・05ℓ（リットル）を超え0・09ℓ（リットル）以下

定格出力が０・６kw（キロワット）を超え０・８kw（キロワット）以下　２０００円

二輪で総排気量が０・０９ℓ（リットル）を超えるもの　同

定格出力が０・８kw（キロワット）を超えるもの　２４００円　同

◆税金の額を決める方法

確定申告による方法・税務署などが賦課する方法・自動で確定する方法

確定申告による方法：環境性能割、**税務署などが賦課する方法**：種別割

TAX
11

関税

関税は、**貨物を輸入する人に発生する国税**です。

関税の税収は、国税のなかで第7位であり、1兆円あります。

関税は、輸入される貨物の価格に「**関税率表**」に決められた比例税率をかけて計算されるか、貨物の数量ごとに関税率表に記載された一定額の税率になります。

関税は、外国から一般の貨物などを輸入する場合は、輸入する人が確定申告をして税金を支払います。外国から入国したときや、外国から郵便物が送られてきたときには、税関長に賦課された税額を支払います。

◆税金の概要

・もらう相手などによる分類

国税・地方税（道府県税・市町村税、法定税・法定外税）

・**性質などによる分類**

収得税・財産税・**消費税**・流通税（直接税・**間接税**）

・**使い道による分類**

普通税・目的税

・**発生する場面**

貨物を輸入する場合に発生する。

・**税収ランキング（最新の順位）とその額（税収全体に占める割合）**

国税・地方税　**（国税：第７位）１兆００８４億１４００万円（１・４％）**

◆**現在の根拠法令**

関税法（昭和29年法律第61号）、**関税定率法**（明治43年法律第54号）、**関税暫定措置法**（昭和35年法律第36号）

◆**創設年**　**１８９９（明治32）年。ただし、関税は江戸時代からあり。**

◆**過去の税収ランキングトップ獲得状況（国税の１位獲得数：０回）**

◆**物（対象・客体）　輸入される貨物**

◆**人（主体）　貨物を輸入する人**

◆**（税率をかけるための）数値化　輸入される貨物の価格または数量**

◆**税率**

比例税率＋一定額の税率：貨物の価格（比例税率）、貨物の数量（一定額の税率）

詳細は、「**関税率表**」（関税定率法の別表）で決められている（基本的な税率）。ただし、国民経済の健全な発展のために、必要な物品の関税率を調整した暫定的な特例としての「**暫定関税率表**」（関税暫定措置法の別表）もあり（暫定的な税率）。

◆**税金の額を決める方法**

確定申告による方法・税務署などが賦課する方法・自動で確定する方法

確定申告による方法：原則、**税務署などが賦課する方法**：所定の場合は、税関長が決定。

TAX 12

とん税

とん税は、**外国貿易船が日本の港に入港する場合に船長などに発生する国税**です。明治時代につくられたもので、古くからある税金です。**外国貿易船の重さ（純トン数）を、税率をかけるための数値化として使う**ため、「とん税」と名づけられています。

特別とん税としての税収は、**特別とん譲与《じょうよ》税**として、開港についての港湾施設が設置されている市町村で総務大臣が指定するもの（開港所在市町村）に譲与されます。

とん税の税収は、国税のなかで第13位であり、95億円あります。

とん税は、外国貿易船の純トン数に対して一定額の税率でとられます。具体的には、①開港への入港ごとに納付する場合は、1トンまでごとに16円となり、②開港ごとに1年分を一時に納付する場合は、1トンまでごとに48円となります。

とん税は、外国貿易船が出港のときまでに確定申告を行うことで支払います。

◆税金の概要

・もらう相手などによる分類

国税・地方税（道府県税・市町村税、法定税・法定外税）

・性質などによる分類　収得税・財産税・消費税・流通税（直接税・間接税）

（注）流通税に分類する見解もある。

・使い道による分類　普通税・目的税

・発生する場面　外国貿易船が日本の港に入港する場合に発生する。

・税収ランキング（最新の順位）とその額（税収全体に占める割合）

国税・地方税（国税：第13位）95億9000万円（0%）

◆現在の根拠法令

とん税法（昭和32年法律第37号）、特別とん税法（昭和32年法律第38号）、特別とん譲与税法（昭和32年法律第77号）

◆創設年　1899（明治32）年。前身は、噸《とん》税法（明治32年法律第88号）。

◆過去の税収ランキングトップ獲得状況（国税の1位獲得数：0回）

◆物（対象・客体）　外国貿易船の開港への入港

◆人（主体）

外国貿易船の船長（船長が職務を行うことができない場合は、職務を代行する人）

◆（税率をかけるための）数値化　外国貿易船の純トン数

◆税率

一定額の税率：

①　開港への入港ごとに納付する場合　1トンまでごとに16円

②　開港ごとに1年分を一時に納付する場合　1トンまでごとに48円

◆税金の額を決める方法

確定申告による方法・税務署などが賦課する方法・自動で確定する方法

TAX 13

ゴルフ場利用税

ゴルフ場利用税は、**その都道府県にあるゴルフ場を利用した場合に発生する地方税**です（ただし、税収の7割は市町村に交付されます）。ゴルフ場の利用者が負担する税金ですが、ゴルフ場経営者が利用者から徴収して支払う**間接税**で、消費税の性質をもちます。

1988（昭和63）年につくられる前は、ボウリング場、パチンコ場、ビリヤード場などの娯楽施設の利用者に10％などの税率でかけられる**娯楽《ごらく》施設利用税**の1つでした。娯楽施設利用税は、消費税の導入とともに、その年に廃止され、ゴルフ場利用についてのみ、この税金が名前を変えて残されました。

ゴルフ場利用税の税収は、道府県税のなかで第10位であり、400億円を超えます。

ゴルフ場利用税は、18歳未満の人や70歳以上の人などにはかかりません（**年少者などの非課税**）。標準的な税率としては、1人1日800円ですが、1人1日1200円が上限です。たとえば、東京都では等級（ホール数と利用料金などによる分類）を1級（1200円）から8級（400円）に分け、等級ごとに異なる額になっています。

ゴルフ場利用税は、ゴルフ場経営者が利用者から徴収して（**特別徴収**）、条例のルールで決められた期限（翌月末日など）までに申告をして支払います。

◆税金の概要

・もらう相手などによる分類

国税・**地方税**（**道府県税**・市町村税、**法定税**・法定外税）

・性質などによる分類　収得税・財産税・**消費税**・流通税（直接税・**間接税**）

・使い道による分類　**普通税**・目的税

・発生する場面

その都道府県にあるゴルフ場を利用した場合に発生する。

・税収ランキング（最新の順位）とその額（税収全体に占める割合）

国税・**地方税**（**道府県税：第10位**）**４４７億０６００万円（０・２％）**

◆現在の根拠法令

地方税法（昭和25年法律第２２６号）**＋各自治体の税条例**

◆創設年　**１９８８（昭和63）年。前身は、娯楽施設利用税。**

◆過去の税収ランキングトップ獲得状況（道府県税の１位獲得数：０回）

◆対象（客体）　ゴルフ場の利用

◆人（主体）　ゴルフ場の利用者

◆税率をかけるための数値化　１人がゴルフ場を利用した日

◆税率
一定額の税率（標準的な税率）：１人１日につき８００円
（上限としての税率）：１人１日につき１２００円

◆税金の額を決める方法
確定申告による方法・税務署などが賦課する方法・自動で確定する方法

TAX
14
軽油引取税

軽《けい》油《ゆ》引取《ひきとり》税は、**特約業者**（**元売《もとうり》業者との販売契約に基づき軽油を販売する業者**）**または元売業者**（**軽油を製造・輸入・販売する業者**）**から軽油の引き取りをする場合に発生する地方税**です。特約業者または元売業者が支払う**間接税**で、消費税の性質をもちます。

軽油引取税の税収は、道府県税のなかで第５位であり、９０００万円を超えます。

軽油引取税は、引き取りの数量を基準に、１kℓ（キロリットル）１万５０００円の一定額の税率で計算されます。

軽油引取税は、特約業者または元売業者が徴収し（特別徴収）、毎月末日までに申告をして支払います。

◆税金の概要

・もらう相手などによる分類

国税・**地方税**（**道府県税**・市町村税、**法定税**・法定外税）

・**性質などによる分類**

収得税・財産税・**消費税**・流通税（直接税・**間接税**）

・**使い道による分類**

普通税・目的税

・**発生する場面**

特約業者または元売業者からの軽油の引き取り（現実の納入をともなうもの）をする場合に発生する。

特約業者とは、元売業者との間の販売契約に基づいて継続的に軽油の供給を受けて販売することを業とし、都道府県知事の指定を受けている人をいう。元売業者とは、軽油を製造・輸入・販売することを業とし、総務大臣の指定を受けている人をいう。

・**税収ランキング（最新の順位）とその額（税収全体に占める割合）**

国税・**地方税**（**道府県税：第5位**）**９１９８億０７００万円（４・４％）**

◆**現在の根拠法令**

地方税法（昭和25年法律第２２６号）**＋各自治体の税条例**

◆**創設年　１９５６（昭和31）年**

◆過去の税収ランキングトップ獲得状況（道府県税の１位獲得数：０回）

◆物（対象・客体） 特約業者または元売業者からの軽油の引き取り

◆人（主体） 特約業者または元売業者から軽油の引き取りを行う人

◆（税率をかけるための）数値化 引き取りの数量

◆税率
一定額の税率（必須の税率）：１kℓ（キロリットル）１万５０００円

◆税金の額を決める方法
確定申告による方法・税務署などが賦課する方法・自動で確定する方法

TAX 15

狩猟税

狩猟《しゅりょう》税は、**都道府県知事から狩猟者の登録を受ける場合に発生する地方税**です。鳥獣《ちょうじゅう》の保護および狩猟に関する行政の実施に要する費用にあてるためにつくられた**目的税**です。２００４（平成16）年につくられたもので、**狩猟者登録税と入猟《にゅうりょう》税が統合されてできたもの**です。

狩猟税の税収は、道府県税のなかで第12位であり、７億円あります。

狩猟税は一定額の税率で、狩猟者の登録を受ける人の免許の区分ごとに決められています。

狩猟税は、狩猟者の登録申請をするときに、申告書に証紙《しょうし》を貼りつけて支払います。申告に基づき賦課された税額が納税通知書で送付されてから支払う方法もあります。

◆税金の概要

・もらう相手などによる分類

国税・［地方税］（［道府県税］・市町村税、［法定税］・法定外税）

・**性質などによる分類**

収得税・財産税・**消費税**・流通税（**直接税**・間接税）

（注）資産課税に分類する見解もある。

・**使い道による分類**

普通税・**目的税**（目的：鳥獣の保護および狩猟に関する行政の実施に要する費用にあてるため）

・**発生する場面**

都道府県知事から狩猟者の登録を受ける場合に発生する。

・**税収ランキング（最新の順位）とその額（税収全体に占める割合）**

国税・**地方税**（**道府県税：第12位**）**7億1900万円（0％）**

◆**現在の根拠法令**　**地方税法**（昭和25年法律第226号）**＋各自治体の税条例**

◆**創設年**　**2004（平成16）年。前身は、狩猟者登録税（以前の狩猟免許税）と入猟税。**

◆**過去の税収ランキングトップ獲得状況（道府県税の1位獲得数：0回）**

■狩猟税の税率

免許区分	税率	
第一種銃猟免許（装薬銃を使用する猟法）	① 道府県民税の所得割額の納付を要する者	16,500円
	② 道府県民税の所得割額の納付を要しない者	11,000円
網猟免許	③ 道府県民税の所得割額の納付を要する者	8,200円
	④ 道府県民税の所得割額の納付を要しない者	5,500円
わな猟免許	⑤ 道府県民税の所得割額の納付を要する者	8,200円
	⑥ 道府県民税の所得割額の納付を要しない者	5,500円
第二種銃猟免許（空気銃を使用する猟法）	—	5,500円

注１：②、④、⑥に該当する者のうち、道府県民税の所得割額の納付を要する者の同一生計配偶者又は扶養親族（農林水産業に従事する者を除く）に該当する者は、それぞれ①、③、⑤の税率となる。
注２：放鳥獣猟区のみに係る登録を受ける者については、狩猟税の税率は４分の１となる。
注３：対象鳥獣捕獲員又は認定鳥獣捕獲等事業者の従事者に係る登録を受ける者については、課税免除となる。
注４：鳥獣保護管理法に基づく許可捕獲に従事した者に係る登録を受ける者については、狩猟税の税率は２分の１となる。

出典：総務省ＨＰ「狩猟税」をもとに一部加工

◆**物（対象・客体）**　狩猟者の登録

◆**人（主体）**
その都道府県知事の狩猟者の登録を受ける人

◆**（税率をかけるための）数値化**
狩猟者の登録

◆**税率**
一定額の税率（必須の税率）：上の表のように登録内容ごとに決められている。

◆**税金の額を決める方法**
確定申告による方法・税務署などが賦課する方法・自動で確定する方法

TAX
16
入湯税

入湯税《にゅうとう》は、その**市町村にある鉱泉浴場**《こうせんよくじょう》**に入湯する場合に発生する地方税**です。鉱泉浴場のある市町村が、環境衛生施設、鉱泉源の保護管理施設・消防施設その他消防活動に必要な施設の整備・観光の振興に要する費用にあてるためにつくられた**目的税**です。

入湯税は、負担するのは入湯客ですが、鉱泉浴場の経営者が入湯客から徴収して支払うもので（特別徴収）、消費税の性質をもちます。

税収は、市町村税のなかで第7位で、194億円あります。

入湯税は、1人1日150円が標準的な税率とされる一定額の税率です。

入湯税は、鉱泉浴場の経営者が、入湯客から入湯時に徴収した入湯税を、自治体の条例のルールによる期限（翌月の15日など）までに申告して支払います。

◆**税金の概要**

・**もらう相手などによる分類**

国税・**地方税**（道府県税・**市町村税**、**法定税**・法定外税）

・**性質などによる分類**

収得税・財産税・**消費税**・流通税（直接税・**間接税**）

・**使い道による分類**

普通税・**目的税**（目的：鉱泉浴場《こうせんよくじょう》のある市町村が、環境衛生施設、鉱泉源の保護管理施設および消防施設その他消防活動に必要な施設の整備ならびに観光の振興に要する費用にあてる）

・**発生する場面**

その市町村にある鉱泉浴場で入湯《にゅうとう》する場合に発生する。

・**税収ランキング（最新の順位）とその額（税収全体に占める割合）**

国税・**地方税**（**市町村税：第7位**）**194億3800万円（0%）**

◆**現在の根拠法令　地方税法**（昭和25年法律第226号）**＋各自治体の税条例**

◆創設年　1947（昭和22）年

◆過去の税収ランキングトップ獲得状況（市町村税の1位獲得数：0回）

◆物（対象・客体）　鉱泉浴場での入湯

◆人（主体）　鉱泉浴場に入湯する入湯客

◆（税率をかけるための）数値化　1人が入湯する1日

◆税率　一定額の税率（標準的な税率）：1人1日150円

◆税金の額を決める方法

確定申告による方法・税務署などが賦課する方法・自動で確定する方法

TAX 17

電源開発促進税

電源開発促進税は、**一般送配電事業者**《そうはいでん》**（電気事業法で決められた、自らが維持し、運用する送電用及び配電用の電気工作物によって、その供給区域で託送供給・電力量調整供給を行う事業を行う者）などが電気を販売する場合に発生する国税**です。原子力発電施設、水力発電施設、地熱発電施設などの設置の促進・運転の円滑化を図るなどのための財政の措置や発電施設の利用の促進・安全の確保などの費用にあてるためにつくられた**目的税**です。一般送配電事業者が支払う**間接税**で、消費税の性質をもちます。

電源開発促進税の税収は、国税のなかで第11位であり、3000億円あります。

電源開発促進税は一定額の税率で、一般送配電事業者などの販売電気の電力量に応じて1000kw（キロワット）時375円です。

電源開発促進税は、一般送配電事業者などが、毎月、その月中に料金の支払いを受ける権利が確定した販売電気の電力量などを、翌月末日までに申告して支払います。

◆税金の概要

・もらう相手などによる分類

国税・地方税（道府県税・市町村税、法定税・法定外税）

・性質などによる分類

収得税・財産税・消費税・流通税（直接税・間接税）

・使い道による分類

普通税・目的税（目的：原子力発電施設、水力発電施設、地熱発電施設などの設置の促進および運転の円滑化を図るなどのための財政上の措置ならびにこれらの発電施設の利用の促進および安全の確保ならびにこれらの発電施設による電気の供給の円滑化を図るなどのための措置に要する費用にあてるため）

・発生する場面

一般送配電事業者などが電気を販売する場合に発生する。

一般送配電事業とは、自らが維持し、運用する送電用及び配電用の電気工作物により、その供給区域で託送供給・電力量調整供給を行う事業のことで、送電用・配電用の電気工作物によって小売供給を行う事業も含む事業を営む事業者（電気事業法2条1項8号）などをいう。

・税収ランキング（最新の順位）とその額（税収全体に占める割合）

国税・地方税（国税：第11位）3122億0400万円（0・4％）

◆現在の根拠法令　電源開発促進税法（昭和49年法律第79号）

◆創設年　１９７４（昭和49）年

◆過去の税収ランキングトップ獲得状況（国税の１位獲得数：０回）

◆物（対象・客体）　販売される電気

◆人（主体）　一般送配電事業者など

◆（税率をかけるための）数値化　一般送配電事業者などの販売電気の電力量

◆税率　一定額の税率：販売電気１０００kw（キロワット）時３７５円

◆税金の額を決める方法

確定申告による方法・税務署などが賦課する方法・自動で確定する方法

TAX

第6章

あたらしい税金と、なくなった税金

TAX 1

国際観光旅客税

国際観光旅客税は、**船や飛行機で観光客が日本から外国に出国する場合に発生する国税**です。２０１８（平成30）年にあらたにつくられたもので、２０１９（平成31）年１月７日以後の出国からスタートしています。俗には、**出国税**とも呼ばれています。

税収は、国際観光旅客の円滑・快適な旅行のための環境の整備に関する施策、日本の多様な観光の魅力に関する情報の入手の容易化に関する施策・地域固有の文化、自然その他の特性を活用した観光資源の開発・活用による当該地域の体験・滞在の質の向上に関する施策（**国際観光振興施策**）**に必要な経費にあてる**ものとされています（**特定財源**）。

国際観光旅客税の税収は、国税のなかで第13位であり、１２０億円を超えます。

国際観光旅客税は**一定額の税率**で、日本からの出国の回数に応じて１回１０００円になります。

国際観光旅客税は、原則として、乗船または搭乗するときまでに国内事業者が取りまとめたものを、出国の翌々月の末日までに支払います（特別徴収）。

◆税金の概要

・もらう相手などによる分類

国税・地方税（道府県税・市町村税、法定税・法定外税）

・性質などによる分類

収得税・財産税・消費税・流通税（直接税・間接税）

・使い道による分類

普通税・目的税（特定財源：国際観光振興施策に必要な経費にあてる〔外国人観光旅客の来訪の促進等による国際観光の振興に関する法律12条1項〕）

・発生する場面

船や飛行機で観光客が日本から外国に出国する場合に発生する。

・税収ランキング（最新の順位）とその額（税収全体に占める割合）

国税・地方税（国税：13位）126億2200万円（0％）

◆現在の根拠法令　国際観光旅客税法（平成30年法律第16号）

◆創設年　2018（平成30）年

◆過去の税収ランキングトップ獲得状況（国税の1位獲得数：0回）

◆物（対象・客体）　国際観光旅客などの「国際船舶など」による日本からの出国

◆人（主体）

国際観光旅客など：「日本と外国の間で行う観光旅客などの運送に使用する船舶または航空機」により日本から出国する観光客など

◆（税率をかけるための）数値化　日本からの出国の回数

◆税率　一定額の税率：出国1回1000円

◆税金の額を決める方法

確定申告による方法・税務署などが賦課する方法・**自動で確定する方法**

TAX 2

森林環境税

森林環境税は、**日本に住む個人に発生する国税**です。森林環境税は**森林環境譲与税**とともに、2019（平成31）年にあたらしくつくられました。森林環境譲与税のほうは先行してスタートしていましたが、森林環境税は2024（令和6）年からスタートしました。

森林環境税の税収は、森林環境譲与税としてその財源が都道府県と市町村に譲《ゆず》り与《あた》えられます。その10分の9が市町村に譲与《じょうよ》され、10分の1が都道府県に譲与されます。森林環境税の税収は、市町村・都道府県が実施する森林の整備、その促進に関する施策の財源にあてるため使われます（**特定財源**）。市町村、都道府県ともに、その使い道をインターネットなどで公表することが義務づけられています。森林環境税は、独特な税金ではありますが、**一種の所得税であり、収得税**であると位置づけられています。税収のデータはまだありません。

森林環境税は、その年の1月1日に賦課された税額を、住民税にならい、会社などの勤務先が給与から差し引き（特別徴収）、これを市町村に支払います（勤務先がない自営業者などの場合には、納税者自身が市町村に支払います）。

◆税金の概要

・もらう相手などによる分類

[国税]・地方税（道府県税・市町村税、法定税・法定外税）

（注）国が都道府県・市町村に森林環境譲与《じょうよ》税として財源を譲り与える国税（譲与税）

・性質などによる分類　[収得税]・財産税・消費税・流通税（[直接税]・間接税）

（注）資産課税に分類する見解もある。

・使い道による分類

[普通税]・目的税（特定財源：市町村〔特別区を含む〕および都道府県が実施する森林の整備、これを担う人材の育成、確保、森林の公的機能に関する普及啓発、木材の利用の促進などの施策の財源にあてる）

・発生する場面　日本に住む個人に発生する。

・税収ランキング（最新の順位）とその額（税収全体に占める割合）

[国税]・地方税（**国税：—位**）**—円（—%）**

（注）2024（令和6）年からスタートした税金のため、データなし。

◆現在の根拠法令　森林環境税及び森林環境譲与税に関する法律（平成31年法律第3号）

◆**創設年**　２０１９（平成31）年

◆**過去の税収ランキングトップ獲得状況**（国税の１位獲得数：０回）

◆**物（対象・客体）**

対象が何であるのかわかりにくい税金であるが、住民の所得ととらえられる。

◆**人（主体）**　日本に住所をもつ個人

◆**（税率をかけるための）数値化**　日本に住所をもつ個人１人

◆**税率**　一定額の税率：１０００円

◆**税金の額を決める方法**

確定申告による方法・税務署などが賦課する方法・自動で確定する方法

TAX 3

なくなった税金と、あらたに生まれた税金

これまでさまざまな税金をみてきましたが、ここで、この20数年の間の税金の生まれ変わりをみておきましょう。

生まれ変わりという表現はたとえです。廃止されてなくなった税金もあれば、別の税金に統合されて生き残っている税金もあります。また、あらたに産声を上げたあたらしい税金もあります。

これから挙げるものは、そのすべてを網羅しているわけではありませんが、ざっと近年の移り変わりを時系列でみることで、その流れを感じ取ってもらえればと思います。

◆1998（平成10）年　地価税の停止

地価税は、1991（平成3）年につくられた「**地価税法**」という法律のルールによってつくられた国税でした。[*73]

高騰《こうとう》しすぎた地価を抑制するために、一定の条件を満たす土地などを所有する個人と法人に、

0・3％の税率で発生するものでした。

しかし、**バブルの崩壊や不況により地価が下がり続けたことから、1998（平成10）年からストップされています。**

◆2003（平成15）年　特別土地保有税の停止

特別土地保有税は、1973（昭和48）年に、地方税法の改正でつくられた税金でした。一定規模の面積のある土地を取得したときの土地の価額を対象にするものでした（第4章10参照）。

しかし、こちらも**地価が下落し続ける社会環境の変化にともない、2003（平成15）年の法改正で、この年からあらたなものはストップされています。**

◆2004（平成16）年　狩猟税への統合創設

2004（平成16）年には、地方税法が改正され、**狩猟者登録税**《しゅりょう》と**入猟税**《にゅうりょう》が統合されました。そして、**狩猟税**があらたな税金として創設されました（第5章15参照）。

狩猟者登録税は、1963（昭和38）年に創設された狩猟免許税から始まった地方税でした（おおもとは、1870〔明治3〕年の国税）。その後、1979（昭和54）年に狩猟者登録税

＊73　平成3年法律第69号。

に変わりました。

一方で、入猟税も、1963（昭和38）年に狩猟免許税とともに創設された地方税でした。普通税であった狩猟者登録税と、目的税であった入猟税が、2004（平成16）年の改正により、統合されて**狩猟税**という目的税に一本化されたのです。

これにともない、狩猟者登録税と、入猟税はなくなりました。

狩猟者登録税（普通税）
入猟税（目的税）
→ **狩猟税（目的税）**

◆2011（平成23）年　復興特別所得税、復興特別法人税の創設

2011（平成23）年12月には、この年の3月11日に起きた東日本大震災を踏まえ、特別な法律がつくられます。そして、**復興《ふっこう》特別所得税**と**復興特別法人税**が、期間を区切った税金として創設されました。
このルールが書かれた法律の名前はとても長いのですが、「東日本大震災からの復興のための施策を実施するために必要な財源の確保に関する特別措置法」というものです。[*74]
復興特別所得税と復興特別法人税は、合わせて「**復興特別税**」とも呼ばれています。

復興特別所得税・
復興特別法人税 } **復興特別税**

目的税である復興特別税の収入は、復興費用および償還《しょうかん》費用の償還に必用な費用の財源にあてるものとされています。

復興特別所得税は、所得税額の２・１％を申告所得税でも源泉所得税でも所得税に加えてとる税金（**附加税**）で、２０１３（平成25）年分から２０３７（令和19）年分の間のみ発生するものです（第３章２参照）。

復興特別法人税は、法人税額の10％を加えてとる税金（**附加税**）でした。復興特別所得税に先がけて２０１２（平成24）年４月１日以後に開始する事業年度からスタートし、期限である２０１５（平成27）年３月31日までに開始する事業年度の分で役目を終えました。

＊74　平成23年法律第１１７号。

復興特別税
- **復興特別所得税……2013（平成25）年～2037（令和19）年**
- **復興特別法人税……2012（平成24）年～2015（平成27）年**

◆2014（平成26）年　地方法人税の創設

2014（平成26）年には、あらたな税金として、**地方法人税**が創設されました（第3章6参照）。地方法人税法という法律に、そのルールが書かれています。[*75]

2008（平成20）年の改正で暫定的な措置として、法人事業税（第3章5参照）の一部を分離して**地方法人特別税**（国税）がつくられ、その全部が譲与税とされていました。これを見直し、法人住民税の法人税割（第3章4参照）の一部を地方法人税とし、その全額を地方交付税の原資にすることになったのです。

その後の2016（平成28）年の改正で、地方法人特別税とその譲与税は廃止されています。[*76]

こうして誕生した**地方法人税は**、**法人税の額に10・3%をかける附加税**です。国税ですが、**各地域の間で税収に生じている偏《かたよ》りを是正《ぜせい》して**、**格差の縮小を図るための税金**です。税収の全額が、地方交付税の原資になるものです。

こうして創設された地方法人税は、2014（平成26）年10月1日以後に開始する課税事業年度からスタートしました。[*77]

◆２０１８（平成30）年　国際観光旅客税の創設

２０１８（平成30）年には、あらたな税金として、**国際観光旅客税**が創設されました（第６章１参照）。

国際観光旅客税は、国際観光の環境を整備するための税金としてつくられたものです。国際観光旅客税法という法律に、そのルールが書かれています。[*78]日本からの出国に対して、出国１回につき１０００円というかたちで、幅広くごく薄く負担を求めるものです。観光先進国の実現に向けて、観光基盤の拡充・強化を図るための財源を確保する観点からつくられたものです。

国税としては、２０１４（平成26）年につくられた地方法人税以来、４年ぶりのあたらしい税金でした。附加税ではない国税としては、１９９１（平成３）年につくられた地価税以来で、

＊75　平成26年法律第11号。
＊76　以上の改正経緯については総務省ＨＰ「地方法人課税の偏在是正」参照。
＊77　地方法人税の詳細は、財務省ＨＰ「平成26年度税制改正の解説」の「地方法人税の創設」１０３０頁参照。
＊78　平成30年法律第16号。

27年ぶりのあたらしい税金でした[*79]。

こうして創設された国際観光旅客税は、2019(平成31)年1月7日以降の出国からスタートしました。

◆2019(平成31)年 森林環境税の創設

2019(平成31)年には、さまざまな税金が誕生しました。5月1日から令和に元号が変わった年で、平成31年は令和元年でもあります。

まず、この年には、あらたな税金として、**森林環境税**が創設されました(第6章2参照)。「森林環境税及び森林環境譲与税に関する法律」という法律に、そのルールが書かれています[*80]。

森林には、国土の保全、水源の維持、地球温暖化の防止、生物多様性の保全などのさまざまな機能があります。これらによって、わたしたち国民が生活で恩恵を受けています。他方で、反面、林業の担い手不足や、所有者や境界の不明な土地により、経営管理や整備に支障が起きていました。

こうした状況のもとで、森林の機能を十分に発揮させて、各自治体による間伐などによる適切な森林の整備が現代的な課題になっていました。さらに、パリ協定の枠組みの目標を達成するために必要になる、地方財源を安定的に確保する必要もあります。

こうして、森林環境税が創設され、これに合わせて**森林環境譲与税**も創設されました。

森林整備が緊急の課題であることから、森林環境譲与税は2019（令和元）年から前倒しでの譲与がスタートしました。[*81] そして、森林環境税は、2024（令和6）年からいよいよスタートしたものです。

森林環境税……………2024（令和6）年からいよいよスタート
森林環境譲与税……2019（令和元）年から前倒しでスタート

◆2019（平成31）年　特別法人事業税の創設

2019（平成31）年には、あらたな税金として、**特別法人事業税**も創設されました。「特別法人事業税及び特別法人事業譲与税に関する法律」という法律に、そのルールが書かれています。[*82]

特別法人事業税は、各地域の間での財政力格差の拡大や経済社会構造の変化などを踏まえ、

*79　国際観光旅客税の詳細は、財務省HP「平成30年度税制改正の解説」の「国際観光旅客税の創設」1004-1006頁参照。
*80　平成31年法律第3号。
*81　以上の説明は、森林環境税の詳細は、総務省HP「森林環境税及び森林環境譲与税」参照。
*82　平成31年法律第4号。

都市と地方が支え合うかたちで持続可能な発展を遂げるため、偏在《へんざい》を是正《ぜせい》するあらたな措置として創設されました（第3章7参照）。

法人事業税（第3章5参照）の一部を分離《ぶんり》するかたちで特別法人事業税をつくったもので、その全額が都道府県に対して、特別法人事業譲与税として譲与《じょうよ》されます。*83

特別法人事業税……………国税
特別法人事業譲与税……都道府県に譲与される

特別法人事業税は、2019（令和元）年の10月1日以降に開始する事業年度からスタートしています。

◆2019（令和元）年　自動車取得税の廃止と自動車税の環境性能割の創設

同じく2019（令和元）年には、**自動車取得税が廃止**されました。そして、廃止された自動車取得税に代わるものとして、**自動車税の環境性能割**が創設されました（第5章9参照）。

自動車取得税の廃止にともなう自動車税の環境性能割は、2019（令和元）年の10月1日からスタートしています。

以上のような、この20年の税金の生まれ変わりをたどると、大きく分けて、①観光の促進や環境に配慮したものと、②地方自治体の財源の偏《かたよ》りを解消しようとするものの2つの方向が、最近の税金のトレンドにはあったことがみえてきます。

また、地価の上昇というバブル期の社会情勢を踏まえて誕生した税金が、時代の変化にともない停止されている状況も垣間みえたと思います。

令和時代の今日では、コロナ禍を経て、株価のバブル期超えや、特に都市部を中心にマンション価格の高騰という変化もあらわれています。これらは、円安に起因しているともいわれていますが、こうした現象が一時的なものにとどまるのか、そうではなく持続していくのかによって、またあたらしい税金の登場もあるかもしれません。

＊83　財務省ＨＰ「平成31年度税制改正の大綱の概要」(２０１８〔平成30〕年12月21日 閣議決定) ３頁参照。

TAX 4

法定外税

地方自治体がオリジナルにつくることができる法定外税についても（第2章4参照）、最近では、次のようなトレンドが起きています。

法定外税については比較的詳細に説明をしましたので、第2章4で述べたことと重複する部分もありますが、ここでは最近の税金の傾向の例として、時系列でみてみましょう。

宿泊税は、2002（平成14）年に東京都で創設されたものです。[*84] その後、宿泊税を法定外税として導入する自治体が増えました。

現在では、大阪府、福岡県、京都市（京都府）、金沢市（石川県）、倶知安町（北海道）、福岡市（福岡県）、北九州市（福岡県）、長崎市（長崎県）も宿泊税を導入しています。2022（令和4）年度の決算額でみると、全国で103億円（都道府県で40億円、市町村で63億円）の税収になっています。[*85]

宿泊税は、ニセコ町（北海道）で2024（令和6）年11月から、静岡県の熱海市で202

5（令和7）年4月から導入予定です。東京ディズニーランドの周辺でホテルが多い千葉県の浦安市や、観光を強化する北海道などでも、宿泊税の導入が検討されています。

こうした宿泊税ですが、全国で先がけて創設された東京都の宿泊税をみると、「国際都市東京の魅力を高めるとともに、観光の振興を図る施策に要する費用に充《あ》てるため」につくられたことが、条例のルールに明記されています。つまり、**目的税**です（**法定外目的税**）。

東京都の宿泊税は、ホテルなどの「旅館業法」が定める許可を受けて行う施設での宿泊に対して、その宿泊者に発生する税金です。ただし、宿泊料金が1人1泊1万円未満の宿泊に対しては、発生しません。

東京都の宿泊税は、1人1泊について**一定額の税率**になっています。具体的には、①宿泊料金が1万5000円未満の場合は100円、②宿泊料金が1万5000円以上の場合は200円の2段階の税率になっています。

東京都の宿泊税は宿泊者が負担するものです。ホテルなどが宿泊料金とともに宿泊者から、いったん受け取ります。つまり、宿泊者がホテルなどに支払います（特別徴収）。

そして、ホテルなどの経営者は、これをもとに、前の月の初日から末日までの宿泊税につい

＊84　東京都宿泊税条例（平成14年条例第111号）。
＊85　総務省ＨＰ「法定外税の状況」（2024〔令和6〕年4月1日現在）。

て、毎月末日までに、その申告書を知事に提出し、支払うことになります。

東京都の豊島区では、「**ワンルームマンション税**」と呼ばれる**狭小住戸集合住宅税**《きょうしょうじゅうこ》がつくられました。[*86] 住戸《じゅうこ》面積が30平方メートル未満のものを、9戸《こ》以上有する集合住宅を建築しようとする場合に、建築主に1戸50万円の税金が発生します。

この豊島区では、**放置自転車等対策推進税**もつくられました。この税金は、駅周辺の放置自転車を解消するために必要な費用の一部を、鉄道事業者に負担させるものでした。乗車人員1000人について740円という、一定額の税率でした。

豊島区のホームページをみると、[*87]「区内の駅周辺の放置自転車台数は、平成11年の全国調査で、池袋駅がワースト1、巣鴨駅がワースト4という大変不名誉な結果となりました」という説明があります。さらに、「平成15年の調査では池袋駅がワースト9位という結果であったものの、都内では池袋駅が1位、大塚駅が2位という結果であり、現在でも歩行者、特に障害を持つ方や緊急車両などの通行の妨げとなったり、街の美観を損ねるなど深刻な問題となっています」として、なぜ豊島区で導入されたのかについての説明もあります。

放置自転車等対策推進税は、2005（平成17）年4月1日からスタートしたのですが、2006（平成18）年7月10日に廃止されています。

宮城県では、2023（令和5）年7月に、**再生可能エネルギー地域共生促進税**《きょうせいそくしん》がつくられました。[*88]

この税金は、大規模森林開発《だいきぼしんりん》をともなう再生可能エネルギー発電事業をめぐる状況を踏まえたもので、再生可能エネルギー発電事業の地域との共生の促進に向けてつくられたものです。
再生可能エネルギー地域共生促進税は、2024（令和6）年4月1日から施行されています。

京都市では、2023（令和5）年4月に、「**空き家税**《あやぜい》」と呼ばれる税金もつくられました。世間《せけん》では「空き家税」と呼ばれていますが、正式には**非居住住宅利活用促進税**《ひきょじゅうじゅうたくりかつようそくしんぜい》という税金です。[*89]

非居住住宅の有効活用を促進するとともに、その税収をもって空き家の活用を支援する施策を講じようというものです。住宅の供給の促進、安心かつ安全な生活環境の確保、地域コミュニティの活性化、これらの施策についての将来的な費用の低減《ていげん》を図り、持続可能なまちづくりに資するためにつくられたものです。京都市の市街化区域《しがいかくいき》[*90]に所在する非居住住宅に対して、その所有者に発生する税金になります。

＊86 豊島区狭小住戸集合住宅税条例（平成15年条例第46号）。
＊87 豊島区HP「放置自転車等対策推進税（平成18年7月10日廃止）」。
＊88 再生可能エネルギー地域共生促進税条例（宮城県条例第34号）。
＊89 京都市非居住住宅利活用促進税条例（令和5年京都市条例第1号）。
＊90 市街化区域は、都市計画法7条1項に規定されている区域です。

非居住住宅利活用促進税は、２０２６（令和８）年以降にスタートする予定です。

こうして、それぞれの地方自治体で創意工夫がされるかたちで、あたらしい税金がつくられ続けているのが、法定外税です。

総務省がまとめた公表資料によれば[*91]（第2章4〔１３８頁〕参照）、２０２４（令和６）年4月1日現在の法定外税（未施行のものは除く）は、合計67件（法定外普通税22件、法定外目的税45件）に上ります。

また、法定外税を実施している自治体（地方団体）の数は、この資料によれば、55（34の都道府県、21の市区町村）を記録しています。

＊91　総務省ＨＰ「法定外税の状況」参照。

TAX

終章

本書のまとめ

さまざまな税金をみてきた本書も、最後の章になりました。

これまでを、簡単に振り返ってみましょう。

序章では、税金とは言葉で理屈をつくるだけで、自動的に発生するものであるという、少しセンセーショナルな切り口から、「**税金の外からみえる姿**」を観察しました。

もちろん、それをいいだしたら、どの法律であっても、文章で書かれたものが「国会」で決議されてしまえば、国民1人ひとりを「拘束」することになるわけです。これは犯罪と刑罰《けいばつ》を定めた「**刑法**」でも同じです。**わたしたちの権利や人権は、そもそも「法律の文章」によって制約されるものであり、これは税金に限られたことではありません。**

ただし、それが税金を決めた法律のルールである「**税法**」となると、税金が発生するための条件を文章でつづるだけで、そのあとは**いわば自動的に「税金という名前のお金」が、国や地方自治体に支払われ続けることになります。**

この事実は、厳然《げんぜん》としてあります。

これは税金というルールをみるときの**視点を、支払いをするわたしたち国民の側でみたら、**

明確にわかることなのです。

しかし、税金の多くのテキストや本は、税金や法律についての基本的な知識をもたない、いわば純粋な意味でのわたしたち国民の立場からは、じつは書かれていません。

法学として学ぶ分野の1つである「税法」は、納税者の立場で議論されているものも多いです。といっても、**実際には、それはあるべき「主権者としての国民」（知識や理解のある納税者）の「像《ぞう》」を前提にしたものです。**要《よう》するに「法学」がわかり、税金のルールも税法も勉強すれば自分ですらすらと読んで理解できる人、そういう像が「納税者」として想定されているのです。

ですが、そうではない立場で眺《なが》めてみたら、序章で書いたセンセーショナルにもみえる「視点」は、決して間違いではないと思うのです。本書は、ここを出発点としました。

とはいえ、税金には現実にさまざまなものが、すでにたくさんあります。そして、**その成り立ちや見方は、専門技術的にすでに細かく分類されています。**

これらを税金や法律の知識がないわたしたち国民の視点で、「税金を学んでみよう」と考えたときに、むずかしい専門書を開いてしまうと、難解な用語のオンパレードに頭が爆発してしまうおそれがあります。

実際に、わたしも税法を「**独学**」で学んできたのですが、弁護士になったあとに初めて学ぼうとして手にとった本を開くと、頭から煙がのぼる感覚になりました。法律の専門家であるはずのわたしですら、です。それは、どの本でも、専門的にわかりやすいと評価されているものでも、一緒でした。そして、ほとんどの本を読み切ることができませんでした。

こうした立ち位置で、税金を初めて学ぶ「**スタート地点**」としてみたときに、専門用語オンパレードの世界に飲み込まれずに、「なるほど、そういうものなのか！」と大きな視点をつかむことのできる「**税金の総論**」を、第1章と第2章で解説しました。

それが、「税金とは、どのようなものなのか？」（第1章）、「税金には、どのような種類があるのか？」（第2章）でした。

一方で、本書を読んだあとに税金に興味をもち、専門的に学び始める読者の方がいるであろうことも想定しました。そこで、この2つの章では、「**専門用語**」を使わずに本書オリジナルな言葉で説明することを心がけながらも、次のステップに自然とつながるよう「専門的には……」という箇所《かしょ》も設けました。

税金や税法の専門書を読むときには、本書で身につけた視点のイメージをもとにすれば、難解にもみえる専門用語に対峙《たいじ》しても、気後《きおく》れすることもないでしょう。**本書では、「基本イメージ」を、わかりやすい言葉で解説する方法論を採用しました。**

こうして別の本を読むときに、基本のイメージを獲得《かくとく》した本書の読者の方であれば、それほど苦《く》もなく専門用語も覚えていくことができるでしょう。

以上の「税金の総論」をベースに第3章から第5章では、「**税金の各論**」として、さまざまな税金をみました。

多くの「税金」や「税法」の本が、専門書でも入門書でも、「特定の主要な税金に偏《かたよ》っている現状」があります。こうしたなかで本書は、いわば「税金大全《たいぜん》」あるいは「税金の百科事典」のように、現在ある税金（税法）にあますことなく触れることができるようにしました。

こうした方針で、「税金の総論」で学んだ視点で、特定の税金に深入りすることなく、広くさらりと「税金を眺《なが》める流れ」を組みました。

それが具体的には、「所得に対する税金には、どのようなものがあるのか？」（第3章）、「資産に対する税金には、どのようなものがあるのか？」（第4章）、「消費に対する税金には、どのようなものがあるのか？」（第5章）でした。

この3つの分類は、財務省のホームページで挙げられている税金の種類（**対象による分類**）をベースにしています（**3分類法**）。しかし実際には、財務省ホームページをみても、3分類の1つである「資産」については「資産等」となっています。このように3分類をもってしても、完全にすべての税金を分類しきれるわけではありません。

そのことも踏まえて、「税金の総論」では、「性質による分類」である「**収得税**《しゅうとく》」「**財産税**」「**消費税**」「**流通税**」の**4分類法**もみておくことで、「税金の各論」ではこれらにも言及《げんきゅう》するようにしました。もっとも、専門書でも分類の分かれる税金があります。

この「4分類」によっても、すべてが綺麗に分かれるわけではなく、専門的にみると見解が割れるものもあるのです。そこには立ち入らず、ざっくりと分類しました。興味のある方は、税法の専門書や論文などで、さらに学ぶことをおすすめします。

以上を踏まえて、最後に「あたらしい税金と、なくなった税金」をみました（第6章）。時系列的に、この20年くらいの税金の生まれ変わりをみると、そこには「**一定の傾向**」があることも理解できたと思います。

特に、「宿泊税」や「宮島観光税」のような「**法定外税**」は、地域の実情に応じて自治体が創意工夫してつくっていくことができます。今後の「地方税」で大きく注目される分野であることは、間違いありません。

こうして税金を概観《がいかん》してから序章に戻ってみると、税金はやはり文章でつくれば自動的に発生するものであったな、という印象にたどり着くでしょう。

しかし、あたらしい税金のトレンドをみると、日本の観光立国の促進や環境問題への対応などの政策的視点でつくられるものも目立ってきました。また、同時に税収が集まりやすい中央としての「国」と、地域ごとに大きくバラつきがあり「税収に偏在《へんざい》」のある「地方」間での偏《かたよ》りを解消するためにつくられる、あたらしい税金も増えていました。

読者の方は、同時にこれらの点にも気づいたのではないかと思います。

たとえば、「譲与税《じょうよ》」については、本書でも専門用語をそのまま使いましたが、国に支払われた税金（国税）を地方自治体に還元《かんげん》していく工夫の1つでした。ですが、譲与税という名前の「**独立した税金**」があるわけではありません。

とはいえ、国に頼るばかりでは成り立ちませんので、法定外税をつくって地方自治体が独自の税金をつくり税収を上げていく仕組みも活用されています。そのなかには、税収のことだけでなく、環境関連の税金のように、あるべき政策に向けられた、「**法定外税**」などもありました。

こうして税金を本書1冊で通覧《つうらん》してみると、「これまで知らずに通り過ぎてきた、さまざまな問題」も、みえてくるのではないでしょうか。

主権者の1人としてわたしたち国民は、18歳以上になれば選挙権を獲得します。こうして、1票を通じて政治参加をする資格を得ます。

しかし現実には、それは「法律」という国を統治するためのルールに「正当化」を与えるためのロジックに過ぎない側面もあります。

多くの法学の本は、この「**ロジック**」を強調します。読んでいると、主権者である国民次第でなんでもできるかのような錯覚を覚えがちです。

逆に、国の政治がよくないと感じるときには、それは主権者である国民の意識が低いからであるというような「自責《じせき》」（実際には、意識が低いと勝手にレッテルを貼った抽象的な「民度《みんど》」のようなものに対する他責《たせき》）にもつながりやすいです。

しかし、本当にそうなのでしょうか？

本書がいっけんセンセーショナルにみえるかもしれない、税金に対する見方を一般にない切《き》り口《くち》で表現したのは、こうした「**高尚《こうしょう》な法学**」のなかに垣間見《かいまみ》える、現実から遊離《ゆうり》した「独《どく》善《ぜん》」ともいえる思考に、疑問を提起《ていき》するためでした。そこには、ごく軽くですが「アンチテーゼ」としての意味も込めたつもりです。

だって、実際には選挙をする際に、税金のルールを定《さだ》めた法律について議論をしたり、意見を述べたり、賛否《さんぴ》を表明したりする機会なんて、どこにもないですからね。

毎年改正される税金のルールも、本書で述べたように、専門家たちによって検討されてきた結果が「**税制改正大綱**《たいこう》」として毎年12月に発表されます。そうしたら、それに沿ってかなりのスピードで翌月以降の通常国会に提出するための「法案」を財務省と総務省がつくって、それが国会で可決《かけつ》されて、「はい、おわり」です。

これらのプロセスについて、専門家である税理士さんなどの税法の専門家の方のなかには、毎年の税制改正大綱を注視《ちゅうし》されている、大変勉強熱心な方もいらっしゃいます。

でも、いわば国から降ってきたものを、わたしたち国民からすると「高度にもみえる専門用語や知識」を使って、整理して要点をまとめることが主眼のようなのです。そして、それを「はい、どうぞ」と、予備校の先生が受験生に「わかりやすいテキスト」を提供するように解説されています。

そこでは、わたしたち国民は「税制改正大綱」などの一次資料は読むことができないという暗黙《あんもく》の前提があるようです。

これでは「税金」が、ますます「わたしたち国民」から遠い存在になりますよね。結局、序章に戻ると、「支払わなければならないもの」という思考停止の姿が、ますます強固《きょうこ》になっていくだけではないでしょうか。

そのような現状を打破《だは》するためには、専門用語に塗《ぬ》り立《た》てられ、そうではない人が近づきにくくなっている、「専門家」や「専門家を目指す人」や「専門的に学ぶ人」のために書かれた「税金の本」「税法の本」の概念を壊す必要があると、わたしは考えました。

そこで本書では、「税金を支払うわたしたち国民」のことを、「税金を納付する納税者」などと表現しないことにしました。

これまでわたしが書いてきた、それなりの数ある税法の本はいずれも、「専門的に学ぶ」見地から、専門領域にある「既存《きそん》のフレームワーク」を前提にしていました。そのため、税金は「支払う」ものではなく「納付《のうふ》」するものであり、納税をする国民は「納税者」と表記《ひょうき》しています。

しかし、この点を本書では崩《くず》しました。

初めて税金の「構造《こうぞう》」に触れた読者の方には、そのような「専門書」との違いを説《と》かれても、ピンとこないかもしれません。それで構いません。

そして、それでも最終的に社会を変えていくためには、「税金」やそのルールを定める「税法」の専門家が誕生することが必要です。税金の議論が普通にできる人や、自分で調べて税金の全体像を理解することができる人が、世の中に普通にたくさんいる社会になることが、やはり不可欠であるとわたしも考えています。

こうして、「読者の方がさらに学んでいくときの橋渡し」としての役割も果たすため、専門分野における考え方そのものを変えるような説明はしませんでした。

税金は文章だけで自動的にお金を集める仕組みですが、そのお金の集め方のルール1つで、社会は大きく変わります。

税金のルール1つで、国民が豊かになることもあるはずです。

他方で、税金のルールがよくなければ、わたしたち国民の生活に不安が起こり、社会や経済が不活発《ふかっぱつ》で停滞《ていたい》する要因《よういん》にもなってしまう可能性があります。

国民が豊かになるための税金は、もっと大胆《だいたん》で、そして高い志《こころざし》をもって勉学に勤《いそ》しむ人、家族のために心血《しんけつ》を注ぎ汗水《あせみず》たらして働く人、笑顔あふれる家族のために時間を惜《お》しまず家事もしながら懸命《けんめい》に子育てをする人たちを応援するもので、あってもらいたい。

もちろん、経済成長には投資促進も重要です。しかし、少なくとも、現在の税制を無条件に肯定する必要はなく、そのあり方をさまざま議論できる力が必要です。つまり、税制をきめこまかくそれぞれの立場や社会のあり方からごく普通に議論できる基礎力が、いま「教養」として、わたしたちには求められていると思うのです。

（了）

謝辞

最後までお読みくださり、ありがとうございました。本書の制作を全面的にサポートしてくださった日本実業出版社のみなさま（特に担当編集者の方）に心より御礼申し上げます。

本書の作成にあたり、間接税については池本征男先生（税理士）、目的税については青木丈先生（香川大学法学部教授）、税収の統計データについては垣水純一先生（青山学院大学大学院法学研究科特任教授〔執筆時〕）から助言をいただきました。感謝申し上げます。

付記

直接税と間接税の分類は石村耕治編『現代税法入門塾〔第12版〕』（清文社、２０２４年）12頁の「国税・地方税の主な税目（２０２２年度）」をベースにし、性質による分類（４分類）は原則として金子宏『租税法〔第24版〕』（弘文堂、２０２１年）17頁の「別表２　現行租税体系」をベースにしました。

後者（金子租税法）は、財務省ＨＰ「国税・地方税の税目・内訳」の分類と異なるものもあるため、また前者（石村税法）の分類によったものもあるため、その場合は本書の第３章から第５章までの各税金の説明に（注）で付記しました。

なお、消費に対する税金（第５章）には、専門的には区別される間接消費税と直接消費税、さらには一般消費税と個別消費税（第２章３参照）による区分もありますが、本書では触れませんでした。

参考文献

・石橋茂編著『図解　地方税〔令和6年版〕』（大蔵財務協会、２０２４年）
・石村耕治編『現代税法入門塾〔第12版〕』（清文社、２０２４年）
・岩﨑政明＝平野嘉秋編『税法用語辞典〔10訂版〕』（大蔵財務協会、２０２２年）
・碓井光明『地方税の法理論と実際』（弘文堂、１９８６年）
・柏木恵『図解よくわかる地方税のしくみ〔第1次改訂版〕』（学陽書房、２０２０年）
・金子宏『租税法〔第24版〕』（弘文堂、２０２１年）
・川上文吾＝岡﨑猛編著『税法便覧〔令和5年度版〕』（税務研究会出版局、２０２３年）
・清原茂史＝原田知典『自治体の課税担当になったら読む本』（学陽書房、２０２３年）
・佐藤英明＝西山由美『スタンダード消費税法』（弘文堂、２０２２年）
・杉田宗久編著『税務ハンドブック〔令和6年度版〕』（コントロール社、２０２４年）
・税務研究会編『税務インデックス〔令和6年度版〕』（税務研究会出版局、２０２４年）
・税務大学校研究部編『税務署の創設と税務行政の１００年』（大蔵財務協会、１９９６年）
・田中治『田中治　税法著作集　第1巻』（清文社、２０２１年）
・谷口勢津夫『税法基本講義〔第7版〕』（弘文堂、２０２１年）
・谷口勢津夫＝一高龍司＝野一色直人＝木山泰嗣『基礎から学べる租税法〔第3版〕』（弘文堂、２０２２年）
・地方税事務研究会編著『税務課のシゴトver.2』（ぎょうせい、２０２３年）
・地方税制度研究会編『地方税取扱いの手引〔令和5年10月改訂〕』（清文社、２０２３年）
・寺﨑寛之編著『図説　日本の税制〔令和4年度版〕』（財経詳報社、２０２３年）
・水野忠恒『大系租税法〔第4版〕』（中央経済社、２０２３年）

マ行

ヤ行

ラ行

ワ行

ナ行

ハ行

タ行

サ行

索　引

木山泰嗣（きやま　ひろつぐ）
1974年横浜生まれ。青山学院大学法学部教授（税法）。上智大学法学部を卒業後、2001年に旧司法試験に合格し、2003年に弁護士登録。その後、弁護士として、ストック・オプション訴訟などの税務訴訟・税務に関する法律問題を取り扱ってきた。2015年４月から現職。『税務訴訟の法律実務』（弘文堂）で、第34回日税研究賞「奨励賞」を受賞。著書に、『教養としての「税法」入門』『教養としての「所得税法」入門』『もしも世界に法律がなかったら』『もしも高校生のわたしに「法律用語」が使えたら？』（以上、日本実業出版社）、『小説で読む民事訴訟法』『国税通則法の読み方』（以上、弘文堂）、『分かりやすい「法人税法」の教科書』『分かりやすい「所得税法」の授業』（以上、光文社）、『武器になる「税務訴訟」講座』（ソシム）、『リーガルマインドで読み解く重要税務判例20選』（大蔵財務協会）などがある。本書で単著の合計は72冊。

教養《きょうよう》としての「税金《ぜいきん》」

2024年10月１日　初版発行
2025年１月20日　第３刷発行

著　者　木山泰嗣
発行者　杉本淳一

発行所　株式会社日本実業出版社　東京都新宿区市谷本村町3－29 〒162-0845
編集部　☎03-3268-5651
営業部　☎03-3268-5161　振　替　00170－1－25349
https://www.njg.co.jp/

印刷／壮光舎　　製本／共栄社

ISBN 978-4-534-06136-2　Printed in JAPAN

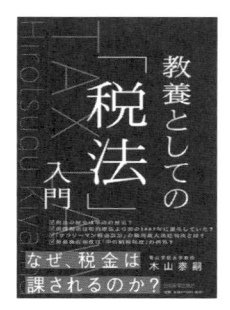

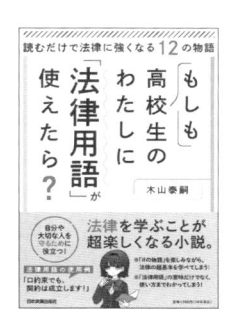

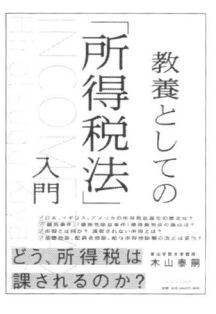